SAVOIR TOUT FAIRE

168 bis - 170 rue Raymond Losserand
75014 Paris
Tél. : 01 44 78 98 38
Fax. : 01 44 78 97 70

Auteur Collectif
Éditrice Sylvie Valentin
Directrice de collection Stéphanie Guillaume
Directrice artistique Clotilde Chevalier
Maquettistes Vanessa Paris, Amélie Lobato
Lauriane Domenech & Mélanie Roero
Correcteur Juliette Mouquod
Secrétaire de rédaction Nadia Ali Belhadj

ISBN 978-2-36145-039-7
ISSN 1775 - 5670

Image de couverture : Jérémy Lavarda
Crédits photos : tous droits réservés.
Texte des doubles pages : Antoine Defarges

SAVOIR TOUT FAIRE AVEC PHOTOSHOP®

Matte painting

COLLECTIF

Oracom Éditions

SOMMAIRE

EN BREF

56

180

132

16

68

214

24

124

202

138

160

48

100

80

88

34

192

114

146

PRÉSENTATION DE L'OUVRAGE

1. Image du tutoriel

Au début de chaque tutoriel, vous trouverez l'image finale en grande taille afin d'apprécier le résultat auquel vous parviendrez.

2. Titre et introduction

Le titre, le chapeau et l'introduction ont pour but de vous présenter le tutoriel qui suit pour vous mettre dans les conditions de sa réalisation.

3. Sur le CD

Lorsque les éléments du tutoriel se trouvent sur le CD qui accompagne ce livre, ils sont détaillés ici.

1. Titre de l'étape

Le titre de chaque étape vous indique ce que vous allez précisément entreprendre.

2. Texte de l'étape

Le texte est concis afin de contenir une nouvelle avancée stratégique dans la réalisation du tutoriel complet.

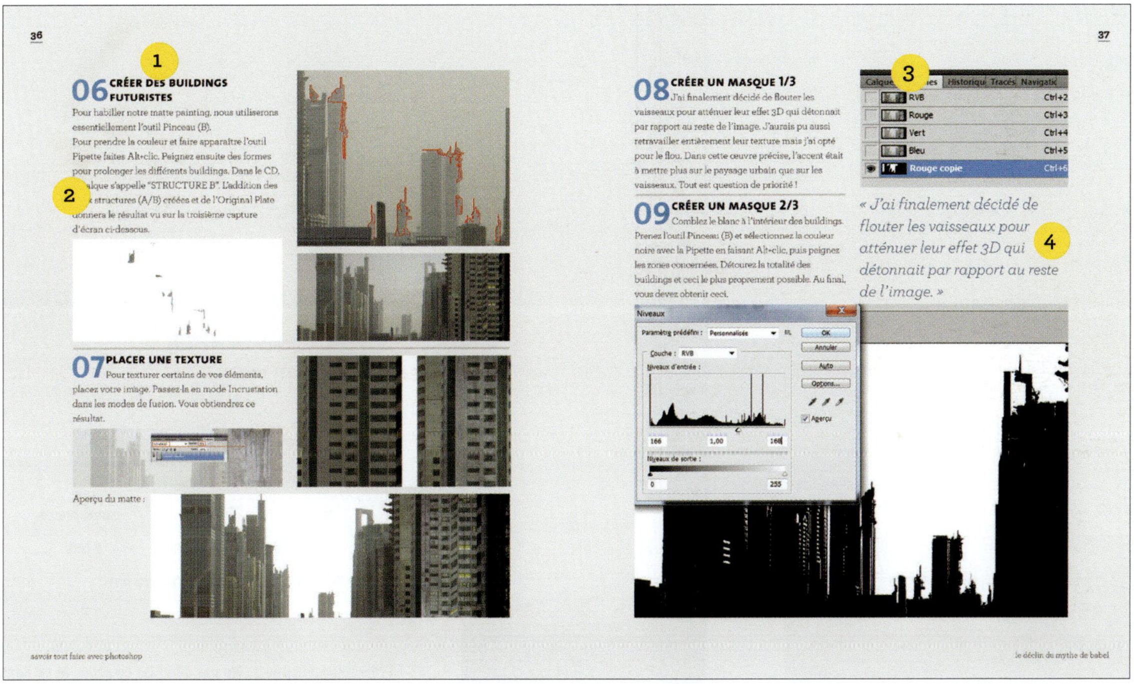

3. Capture d'écran

La capture d'écran est là en support du texte et vous montre où cliquer et comment agir.

4. Encadré et exergues

Certains tutoriels sont ponctués d'encadrés et d'exergues qui vous fournissent des astuces.

L'INTERFACE DE PHOTOSHOP

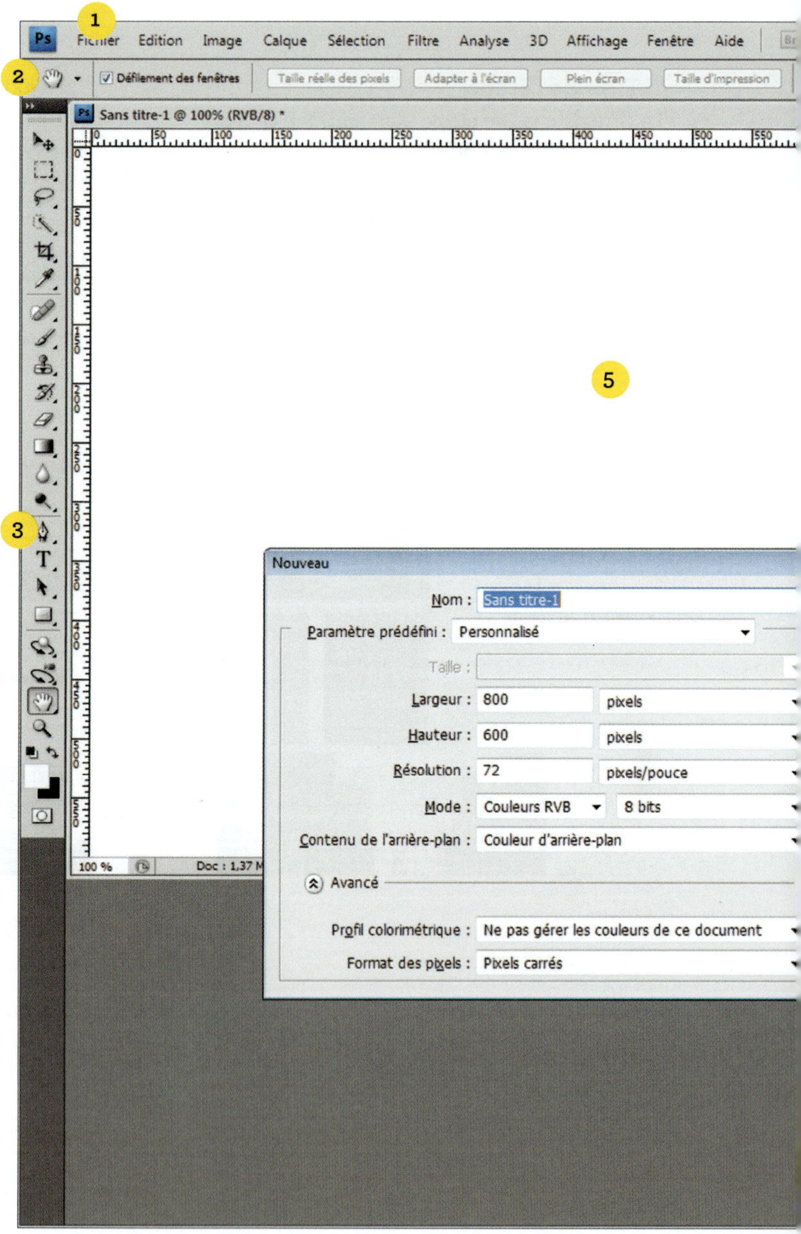

Qu'il s'agisse des menus ou du placement des panneaux et barres, Photoshop vous permet à tout moment de sauvegarder l'espace de travail tel que vous l'avez configuré, ou de revenir à un placement par défaut ou paramétré en passant par le menu Fenêtre> Espace de travail. Vous trouverez dans l'aide du logiciel plus de détails sur la gestion de l'interface.

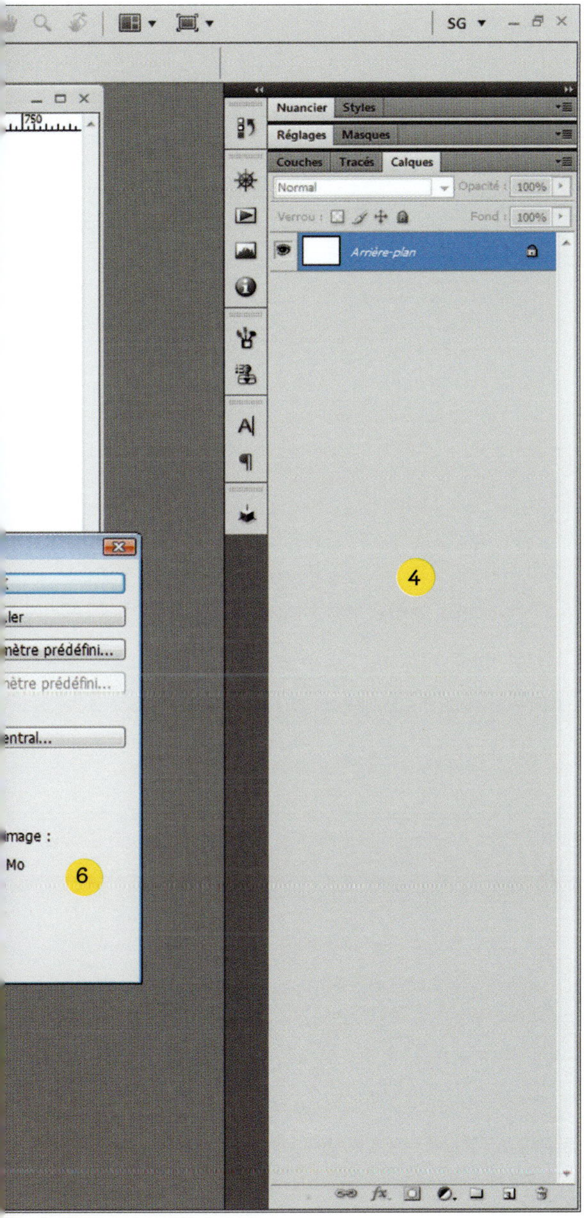

1. Le menu

Le menu se trouve en haut de l'interface, au-dessus de la barre d'options et contient tous les menus de l'application.

2. La barre d'options

Cette barre, placée en haut de l'écran, contient les options de l'outil sélectionné. Elle permet de le paramétrer plus précisément.

3. La barre d'outils

Cette barre contient tous les outils de Photoshop. Vous pouvez la réduire sur une colonne ou la laisser sur deux selon vos préférences.

4. Les panneaux

Les panneaux de Photoshop se trouvent par défaut à droite de l'interface, mais peuvent être détachés, empilés, réduits et développés à souhait.

5. Les documents

Les documents de Photoshop peuvent être ouverts par onglets, les uns à côté des autres ou encore les uns sous les autres selon les besoins.

6. Les boîtes de dialogue

Lorsque vous sélectionnez une fonction dans un menu, souvent une boîte de dialogue s'ouvre pour vous permettre d'entrer des réglages.

REMERCIEMENTS

Merci à

Frédéric St-Arnaud, Florian de Gesincourt, AKA Dges, Jérémy Lavarda, Johann Goutard, Jonathan Maurin, Laura Csajagi, Letitia Pannunzio, Lilian Bourgevin, Matthieu Rebuffat, Pascal Casolari, Silvergraphx, Thierry Maurel, Thomas Dutertre, Eacone, Rodrigue Legris alias RodLeg, David Slaager, Étienne Deffinis, Gaétan Weltzer, Raphaël Kettani, Sébastien Hue, Giuseppe Severino

Merci à Adobe et Ketchum

PRÉFACE

Le matte painting m'a toujours fasciné. Même bien avant de découvrir ce que c'était ou quels outils il fallait pour en réaliser, j'adorais scruter les paysages et décors de cinéma tout comme les galeries de matte painters. Grâce à eux, il est possible de se plonger dans n'importe quel environnement et de vivre pleinement l'expérience. Cette discipline représente pour moi l'alliance parfaite entre créativité, imaginaire et technicité. Mais qu'est-ce que le matte painting au juste ?

Il s'agit d'un procédé cinématographique consistant à réaliser un décor pour y incorporer des scènes filmées. Pour décrire cela de façon parlante, lorsque des acteurs jouent devant un fond vert, vous pouvez être persuadés qu'un matte painting viendra remplacer celui-ci en phase de post-production. Le matte painting a donc été inventé pour dépasser certaines contraintes de tournage en évitant de créer des décors pharaoniques jusqu'à perte de vue mais également pour surmonter les limites du réel. Il permet ainsi de donner un vie à un univers et à un décor inventé de toute pièce, comme par exemple pour Star Wars qui est une référence en la matière. Mais le matte painter ne réalise pas toujours d'immenses environnements oniriques, quelque fois il est amené à retoucher des détails comme enlever un lampadaire ou agrandir une montagne, etc. C'est une discipline aussi vaste que passionnante !

De ses origines jusqu'à nos jours

Ce procédé a également connu de profonds changements et de grandes révolutions au cour du temps, au même titre que l'imprimerie, la typographie ou la modélisation par exemple. En seulement quelques décennies, le métier de matte painter s'est vu changer de manière drastique avec les avancées technologiques. On a tendance à l'oublier, mais le matte painting tire ses origines il y a de cela plusieurs décennies déjà, bien avant l'utilisation de l'informatique en cinématographie. A l'époque, pour créer ces décors magnifiques et sans limites, si ce n'est notre imagination, les matte painters peignaient à la main des tableaux aux formats variables (en moyenne 2 m^2). Tout comme aujourd'hui, les scènes étaient filmées à part puis assemblées au décor peint au moment du montage.

L'avènement de l'informatique pour le monde du cinéma a révolutionné les effets spéciaux et le matte painting avec lui. Très rapidement, les matte painters ont laissé tombé le pinceau pour la souris. L'image numérique venait de naître. Aujourd'hui de plusieurs logiciels d'image numérique comme Photoshop ainsi que la 3D sont abondamment utilisés.

Les techniques sont à la pointe et les matte painters se doivent de l'être aussi car maîtriser les outils et les connaissances pour le matte painting n'est pas chose aisée. C'est ici qu'intervient ce livre dont les 19 tutoriels ont pour but de vous enseigner les techniques et astuces utilisées par les professionnels. Vous y trouverez également des créations d'artistes et de matte painters pour votre inspiration. Laissez-vous guider par les exercices pratiques et les conseils de l'ouvrage pour améliorer vos talents de matte painter et créer des décors et environnements fabuleux !

Gaétan Weltzer
Graphiste/Webdesigner
www.designspartan.com

LE DÉCLIN DU MYTHE DE BABEL

Entrez dans l'univers photoréaliste de ce matte.

Decline of Babel Myth est une création de matte painting personnelle réalisée à partir de plusieurs photos numériques prises du sommet de l'Empire State Building à New York. La modélisation des vaisseaux spatiaux a été réalisée par un ami : www.kami.ca. Ce tutoriel a été conçu pour le site Internet 3dtotal.com. Il a aussi été utilisé par cgtantra.com.

NOTRE EXPERT
Frédéric St-Arnaud

Frédéric St-Arnaud est un artiste en effets visuels de 14 ans d'expérience, mettant le focus principalement sur la peinture cache (matte painting ou matte art) de style photoréaliste, les extensions de décors numériques et la conception visuelle dans l'industrie de cinéma. Frédéric a contribué à ce jour à plus de 25 longs métrages, une douzaine de publicités télé et quelques téléséries. Sa filmographie inclus Indiana Jones et le Royaume du Crâne de Cristal, Terminator 4, Le Jour où la terre s'arrêtera, Course à la Mort, Babel, Silent Hill, Sin City, Capitaine Sky et Le monde de demain, Il était une fois au Mexique, Espion en Herbe 2 et 3 et La Boussole d'Or *qui a remporté l'oscar des meilleurs effets visuels 2008.*

01 TROUVER UN CONCEPT

J'ai réalisé quatre à cinq ébauches conceptuelles. Certaines si rapidement que je n'en ai même pas conservé les fichiers sur mon ordinateur. Ayant déjà mes photos et sachant très bien où je voulais me diriger, l'étape d'élaboration du concept a été simple et rapide. Vous voyez ici le concept final que j'ai retenu pour démarrer mon projet.

02 ASSEMBLER LES PHOTOS 1/2

L'étape du "stitching" permet à l'artiste de créer une très grande image en collant plusieurs photos de la même vue dans un seul fichier. Il existe divers logiciels conçus spécialement à cette fin que j'utilise parfois. Dans le cas présent, j'ai eu recours à Photoshop pour assembler les diverses photos en raison de leur trop grande disparité au niveau de l'exposition et des couleurs. Ce problème était dû au soleil qui se trouvait dans le cadre de mon objectif pour les photos à ma gauche alors qu'il était en dehors pour celles prises à ma droite. Cet inconvénient a impliqué de nombreuses manipulations dans Photoshop pour obtenir finalement l'apparence d'une seule et même photo.

03 ASSEMBLER LES PHOTOS 2/2

Une fois l'assemblage réussi, j'ai encore dû appliquer des rotations et autres transformations à certains bâtiments déformés par l'effet des lentilles. Dans le coin gauche en bas de la photo, par l'absence de prise de vue de cet endroit précis, il m'a fallu utiliser l'outil Tampon de duplication. À ce stade, je ne m'étais pas encore appliqué à assembler le ciel, sachant que j'allais le remplacer par un autre.

04 CRÉER DE L'EAU

Il a également été rapide de créer l'eau. J'ai fait de nombreuses sélections à l'aide de l'outil Lasso polygonal de Photoshop pour obtenir des lignes droites et j'ai ensuite échantillonné la couleur réelle de l'eau pour ensuite la peindre avec l'outil Pinceau à tous les endroits prévus dans mon concept de base

05 RAJOUTER DES ÉLÉMENTS

La plupart des ponts de la ville sont peints et les quatre ponts principaux du second plan ont été créés en 3D pour augmenter leur réalisme en y ajoutant des piliers et des véhicules.

06 MODIFIER LES BÂTIMENTS

Toutes les tours, y compris les petites de l'arrière-plan, sont peintes à la main dans Photoshop. J'ai utilisé l'outil Tampon de duplication pour la plus rapprochée. Je n'avais pas d'architecture précise à l'esprit, l'idée était surtout d'augmenter considérablement la hauteur de presque tous les bâtiments importants.

07 GÉRER LES ÉLÉMENTS EN 3D

Dans ce cas, tout élément en 3D peut faciliter son intégration à l'image originale. Les éléments 3D sont toujours très nets et précis et suivent avant tout les lignes de perspective. Ces vaisseaux de combat ont été réalisés par mon ami Kami.ca sous 3ds Max et je les ai ensuite exportés sous Softimage XSI, qui est le logiciel 3D que j'utilise quotidiennement. La couleur de chacune des antennes 3D a été corrigée et leur contraste et luminosité ajustés à leur position par rapport au soleil. L'étape suivante a consisté à rajouter des détails, tels que des zones claires.

08 FLOUTER LES VAISSEAUX

J'ai finalement décidé de flouter les vaisseaux pour atténuer leur effet 3D qui détonnait par rapport au reste de l'image. J'aurais pu aussi retravailler entièrement leur texture mais j'ai opté pour le flou. Dans cette œuvre précise, l'accent était à mettre plus sur le paysage urbain que sur les vaisseaux. Tout est question de priorité !

09 AJOUTER DES DÉTAILS

Voici pour finir l'étape, et non des moindres, qui est pour moi la plus captivante de toute œuvre de matte painting. Vous devriez garder la mise au point des détails pour la touche finale. Dans votre fichier Photoshop, vous rajoutez des calques à volonté pour dessiner par-dessus les précédents. Vous y ajoutez tous les petits détails qui rendent l'ensemble plus crédible et riche en couleurs. J'ai donc peint les petits points de lumière, les enseignes et panneaux lumineux, les reflets, les projecteurs, les zones claires, les fenêtres, etc.

10 APPLIQUER LES DERNIERS RÉGLAGES

Les options de correction des couleurs et de réglage de l'image sont très utiles pour restituer des effets similaires à ceux d'une bonne photo. Vous pouvez jouer sur les blancs, la luminosité, le contraste, nuancer les tons de couleur, etc. C'est ce que je fais tout à la fin, par-dessus tout le reste.

L'ARTISTE
Sébastien Hue

Sébastien Hue, alias Shue13, est un artiste de 34 ans vivant en banlieue parisienne. Il crée des space arts et des matte painting mélangeant des paysages actuels avec des éléments futuristes. Un passionné du graphisme qui excelle dans la photo manipulation et vise à nous transporter dans un autre monde. shue13-digital.13-digits.com/

Se constituer une base de données

Pour trouver vos textures et références photo, le site www.cgtextures.com est une excellente solution. Toutefois, c'est aussi un site très fréquenté, et il est de plus en plus courant de retrouver des images de ce site sur des projets de graphistes différents... Au final, il est préférable de vous constituer votre propre bibliothèque d'images à l'aide d'un appareil photo numérique et de les classer par thèmes. Si vos photos ne sont pas d'excellente qualité, vous pouvez les retoucher rapidement avant de les stocker, ce qui vous fera gagner du temps par la suite. Même avec un simple appareil numérique compact, vous pouvez obtenir une qualité suffisante pour créer des textures sur de petites zones et les fondre dans l'image. Pour les éléments plus imposants, un appareil de bonne qualité et des prises de vue travaillées seront indispensables.

CHANEL
Coca-Cola

VILLE FUTURISTE

Réalisez un matte painting d'une ville futuriste à partir de plusieurs photos.

Réaliser un matte painting est un procédé qui peut paraître assez long et complexe. Cela requiert un œil aiguisé, soucieux du détail, de la lumière et surtout de la composition. Florian de Gesincourt, alias Dges, artiste matte painter, va vous dévoiler ici quelques astuces pour réaliser un bon matte painting. Vous commencerez par étudier la photo de base qu'il a prise du haut d'une terrasse de Dubaï, ville déjà futuriste, pour faciliter la réalisation. Vous comprendrez comment l'améliorer en construisant de nouveaux immeubles avec d'autres photos, apprendrez comment effacer des détails, agrandir l'image pour améliorer la composition, régler les couleurs et enfin rajouter des effets de lumière. Ce tutoriel requiert quelques connaissances en Photoshop, l'utilisation des calques de réglage (Courbes, Niveaux, etc.), mais ne vous inquiétez pas, le même procédé est utilisé tout au long de l'exercice.

SUR LE CD : Vous trouverez sur le CD le matte painting final avec les calques de retouches ainsi que les photos de bases utilisées.

NOTRE EXPERT
Florian de Gesincourt, *AKA Dges, est un jeune matte painter et concept artist de 28 ans. Freelance, il parcourt le monde pour travailler avec de grands studios d'effets spéciaux. Spécialisé dans les décors, il aime dessiner tout ce qui lui passe par la tête, souvent influencé par le pays dans lequel il se trouve.*

01 POUR COMMENCER

Vous devez toujours avoir une photo de base de bonne qualité. On appelle cette photo la “Plate”. Ne prenez jamais une image trouvée par hasard sur Internet, et assurez-vous d’avoir toujours le droit d’utiliser la photo. Le mieux est de travailler avec ses propres photos. Ouvrez donc votre plate, et commencez par vérifier la taille (image01). Travaillez en haute résolution. J’aime pour ma part travailler avec une image d’au moins 4K de largeur (4080 px de largeur), ce qui me permet de garder des détails et de l’exploiter facilement en compositing.

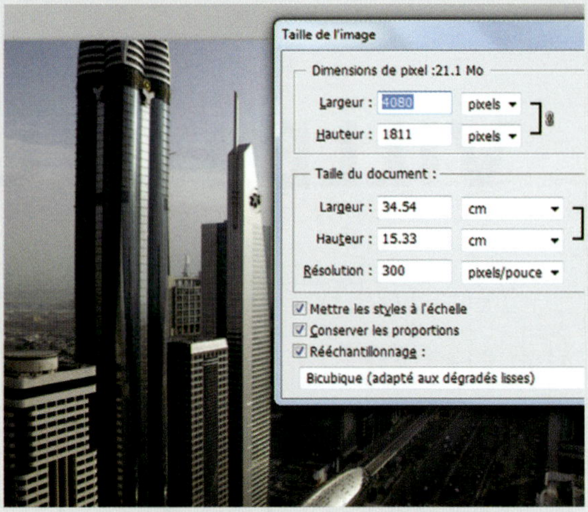

02 DÉCOUPER L’IMAGE

Il est important de découper l’image, d’enlever ce ciel pour en mettre un nouveau, et de pouvoir facilement changer l’arrière-plan. Voici une technique rapide et efficace pour retirer le ciel d’une image. Allez dans les Couches, sélectionnez la couche Bleu et dupliquez-la. Poussez les niveaux de sorte à avoir un ciel blanc.

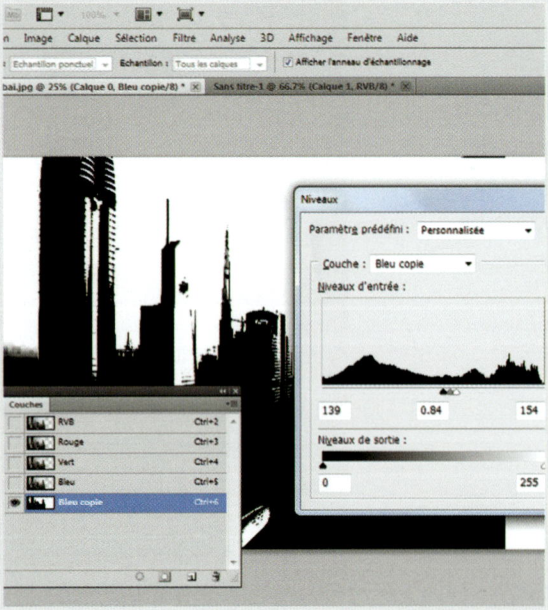

03 AMÉLIORER LE MASQUE

Malheureusement, certains immeubles sont déjà un peu blanc. On doit donc passer par l’étape incontournable de la découpe. La technique précédente nous a juste permis d’aller un peu plus vite. Améliorez le masque en peignant avec du noir (pour garder ce que vous voulez) ou du blanc (pour effacer). Utilisez aussi le Lasso polygonal pour bien découper. N’hésitez pas à zoomer. Une fois votre masque terminé, revenez en RVB (couche du haut), sélectionnez votre masque (Ctrl/Cmd+clic gauche), et appliquez-le sur la plate.

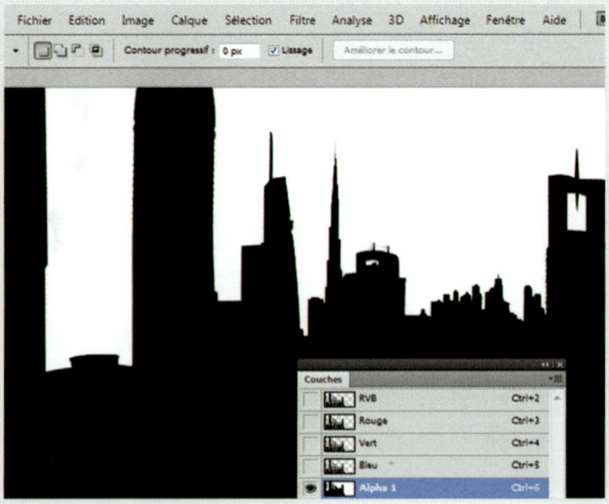

04 AJOUTER UN CIEL

Pour mieux voir notre image finale, ajoutons un ciel en arrière-plan. Ici, j'ai choisi un ciel apocalyptique. Je ne parlerai ici pas trop de la création de ciel car cela pourrait être un tutoriel à part entière. Sachez seulement que j'utilise le même principe de découpage qu'auparavant, que j'améliore avec mes Formes de pinceau, et que je peins aussi beaucoup le ciel. Amusez-vous avec les ciels, vous pouvez en créer de très simples ou très complexes assez facilement. N'hésitez pas non plus à utiliser des modes de fusion pour mieux les intégrer.

05 HARMONISER LES COULEURS

Mon ciel est dans les teintes bleues-vertes. Mais ma ville est plutôt dans les rouges. Je dois alors harmoniser mes couleurs pour garder une certaine cohérence. J'utilise des calques de réglage directement associés à mon calque de la ville : un premier calque Courbes sur lequel je diminue la courbe des rouges et un second calque Courbes pour améliorer le contraste de la tour du fond (avec un masque sur ce calque).

06 AGRANDIR LA VILLE

Ma composition est lourde sur la gauche, je souhaite donc aérer l'image sur la droite. En recherchant dans ma base de données, je cherche des images correspondant à peu près à la lumière que je veux, mais surtout au même angle de vue pour ne pas avoir à faire trop de distorsion de l'image. Je prends alors deux images, prises le même jour au même moment, ce qui me permet d'avoir les mêmes retouches de couleurs à faire. Je les associe en masquant avec une Forme de pinceau les parties que je ne veux pas.

07 RETOUCHER LES COULEURS

Comme précédemment, je dois retoucher les couleurs pour inclure mes nouveaux bâtiments dans mon image. J'utilise alors encore les calques de réglage : Courbes et Teinte/Saturation. N'hésitez pas à masquer par des coups de Formes de pinceau les parties dont vous ne voulez pas changer les couleurs.

08 RÉPARER LES PARTIES MANQUANTES

Toute ma route ne descend pas entièrement sur l'image. Je dois alors la retoucher, l'agrandir. Je peins les parties manquantes en prenant avec la Pipette les couleurs qu'il me faut, et j'utilise aussi beaucoup le Tampon de duplication pour copier des éléments des parties déjà existantes.

09 RAJOUTER LA MER

Pour alléger la composition, je souhaite rajouter une mer. Je crée un nouveau dossier nommé “mer”. Je sélectionne la partie où je veux mettre ma mer, puis je crée un masque à mon dossier. De cette manière, je peux peindre où je veux sans avoir peur de déborder sur mes immeubles. J'utilise des photos de mer avec des effets de calques pour ajouter de la matière et du réalisme. N'oubliez pas : jouez toujours avec les courbes pour bien intégrer vos photos !

10 CHANGER LES IMMEUBLES

Dans mon image de base, des immeubles sont toujours en construction et je veux les terminer ! Je cherche dans ma base de données des parties d'immeubles que j'aime bien, et je les découpe. Pour mon premier plan, c'est juste une petite partie d'un immeuble dont j'ai change le contraste, puis que j'ai découpé et posé au-dessus de mon immeuble en construction.

11 CONSTRUIRE UN BUILDING

Pour le building sur la voie rapide, j'ai également découpé deux parties d'immeubles provenant de différentes photos. Je les ai posées au bon endroit en retouchant les couleurs (comme toujours !). Faites bien attention de respecter la perspective ! Vous pouvez pour cela utiliser la Transformation manuelle et la Torsion (les fenêtres d'un immeuble sont de très bons repères pour la perspective).

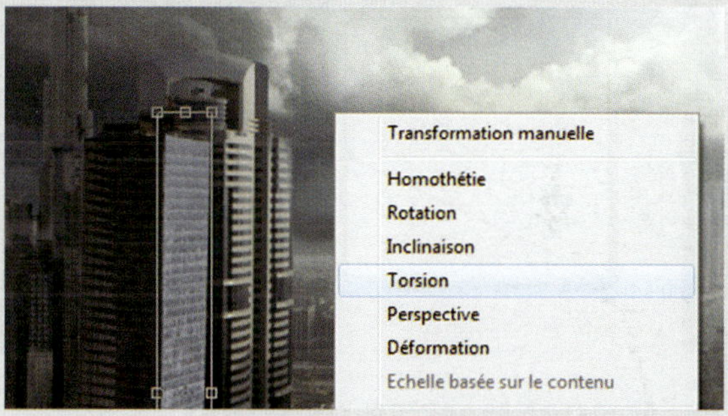

12 CONSOLIDER LA COMPOSITION

Je souhaite que la partie gauche de l'image reste imposante. Je découpe alors une autre photo de plusieurs immeubles (en enlevant le ciel), je modifie les couleurs, et je l'ajoute en arrière-plan. Vous voyez, c'est toujours la même chose ! Et voilà, ma ville est construite !

13 AJOUTER DES PARCS

Je trouve ma ville un peu trop froide. Une ville du futur doit avoir des parcs ! Cela rajoutera en plus de la couleur à l'image et de la vie. Dans ma base de données, j'ai quelques photos aériennes de parcs que je peux utiliser. Je les découpe encore, règle la couleur et surtout la perspective.

Pour la partie centrale de mon image, je n'ai pas utilisé de photo, mais juste changé la couleur du sol, car il est possède déjà plein de détails qui font penser à des arbres ou des buissons. J'ai donc utilisé les Courbes et des masques (pour ne changer la couleur que de ce que je veux).

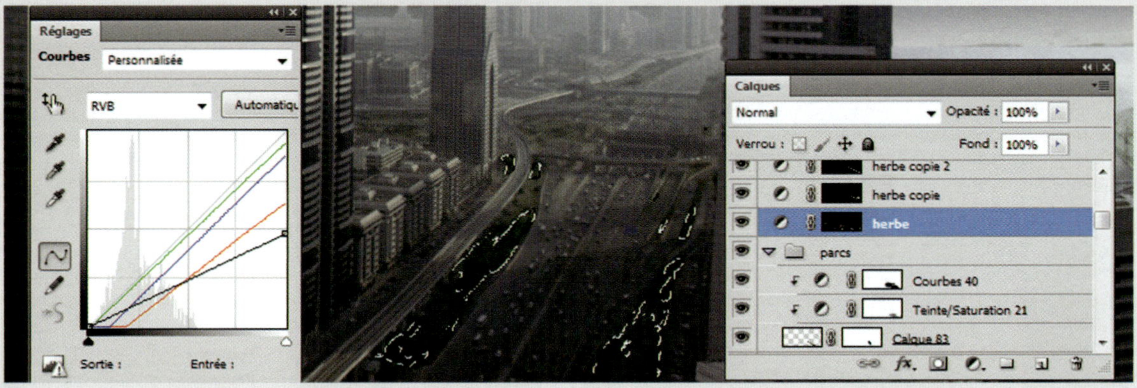

14 AGRÉMENTER DE TUBES

J'aime beaucoup l'idée des tubes du dessin animé *Futurama*. J'en ai donc mis dans ma ville. Ils sont entièrement dessinés et j'ai utilisé quelques photos pour leur donner de la matière. Pour leur donner du volume, il ne faut pas oublier leurs ombres. Pour ça, j'ai employé une technique très simple qui marche pour toutes les ombres : c'est encore une fois le calque de réglage Courbes. Baissez tout simplement les blancs pour avoir une ombre cohérente (peindre avec du noir pour les ombres est très déconseillé).

15 RAJOUTER UN PEU DE PUB

Je trouve toujours que mon image manque de couleurs. La publicité est parfaite pour remédier à ce problème ! De plus, cela correspond tout à fait à une ville du futur. Placez les publicités trouvées sur Internet, donnez-leur de la couleur en poussant un peu la saturation, le contraste avec les niveaux ou courbes. J'ai aussi peint un immeuble : avec un calque en mode Couleur, peignez avec la couleur que vous voulez. Vous garderez ainsi les volumes.

16 MODIFIER LA PERSPECTIVE

Pour casser la perspective de l'image, j'ai peint des routes suspendues en travers des voies rapides. Ici encore, j'utilise des photos de vues aériennes de routes que je déforme et que j'associe à d'autres peintes. J'utilise encore des calques de réglage Courbes (et oui, je suis fan des courbes !) pour rajouter des ombres et du volume.

17 PEINDRE LA LUMIÈRE

Pour rajouter de la lumière, il y a beaucoup de techniques. Vous pouvez bien entendu utiliser les Courbes en accentuant les blancs, ou aussi les niveaux. Mais personnellement, j'aime bien peindre ma lumière. Je peins très légèrement sur un calque en mode Normal avec une Forme de pinceau floue, en utilisant une couleur du ciel très pâle. Je mets aussi certains calques en Incrustation pour accentuer la lumière. Attention de ne pas avoir la main trop lourde !

18 RÉGLER LA COULEUR GLOBALE

Mon image finale reste malgré tout froide. Pour la réchauffer et changer totalement la colorimétrie, j'utilise un calque de réglage Filtre photo. Il existe beaucoup d'autres solutions, mais j'utilise très souvent celle-la. Nous voilà enfin, après plusieurs heures de réglages de couleurs, avec notre image finale ! N'oubliez pas, les détails font le réalisme ! N'hésitez pas à rajouter de petits détails pour donner du cachet à l'image.

L'ARTISTE
Étienne Deffinis

Étienne Deffinis aka Blond ou Winerla est un jeune peintre numérique amateur de 27 ans vivant à Lyon. Touche-à-tout et féru d'art en tout genre, il consacre une partie de son temps libre à gribouiller et bricoler des œuvres sur papier ou sur ordinateur. Architecte paysagiste de métier, il découvre les bases de Photoshop lors de ses études et explore ses possibilités de manière autodidacte. Ses thèmes de prédilection sont : les paysages fantastiques, industriels, de science-fiction, l'architecture sous toutes ses coutures… mais également la lumière, la perspective, les couleurs, les ambiances ou encore la solitude.
Site Internet : winerla.deviantart.com/
Portfolio : http://etienne-deffinis.daportfolio.com

Industrial Landscape © photo : Dysturb http://flickr.com/photos/dysturbnet/466257824/

Paysage de science-fiction

Suivez Jérémy dans un univers parallèle, ou futuriste, à vous de voir...

Strange Structure est une création de matte painting personnelle. L'image a été créée uniquement à partir de photos et de peinture digitale.
De nombreuses textures de type : metal, concrete, manmade ont permi à son élaboration.
La photo originale des buildings a été prise à Dubai.
Le vaisseau, cette masse qui flotte dans l'air au milieu de cette ville futuriste apporte tout son sens à l'image, et donne un côté à la fois inquiétant et intrigant.

NOTRE EXPERT
Jérémy Lavarda

À 27 ans, Jérémy Lavarda est un matte painter, concept artist et designer d'origine franco-vietnamienne. Depuis 3 ans, il intervient en tant que graphiste indépendant pour des sociétés d'effets spéciaux parisiennes, de jeux vidéo et d'éditions. C'est avant tout un créatif et un passionné. Il ne cesse d'explorer les outils de créations numériques aussi bien en 2D qu'en 3D. Venez découvrir son travail sur le Net à l'adresse suivante : lavardajeremy.blogspot.com.

01 CRÉER UN NOUVEAU DOCUMENT

Lancez Photoshop. Faites : Fichier> Nouveau et remplissez les valeurs comme suit : Nom : Matte Painting, Largeur : 1500 px, Hauteur : 603 px, Résolution : 300, Contenu de l'arrière-plan : Blanc, Mode : RVB. L'image a été créée. Enregistrez votre document au format PSD.

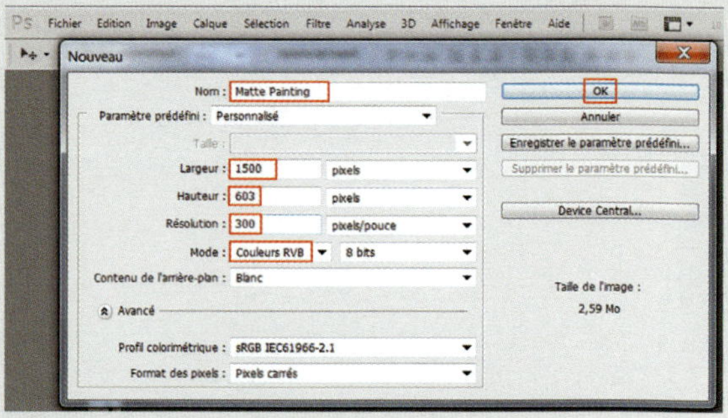

02 IMPORTER L'IMAGE "ORIGINAL PLATE"

Sur le CD, ouvrez le dossier relatif à cet exercice puis double-cliquez sur le fichier "Original Plate. psd". Le fichier s'ouvre dans Photoshop. À l'aide de l'outil Déplacement (V), sélectionnez-le. Déplacez-le dans le PSD "Matte Painting". Placez cette image dans la composition.

03 CRÉER DES ÉLÉMENTS FUTURISTES

Nous allons habiller l'ensemble des buildings pour leur donner un aspect futuriste. Rendez-vous sur le site www.cgtextures.com pour trouver des photos variées. Peut-être avez-vous vos propres textures, n'hésitez donc pas à les utiliser. Vous pouvez également télécharger sur mon blog des textures libres de droits (http://lavardajeremy.blogspot.com/). Celles qui nous intéressent seront de types : building, metal, concrete, manmade... À vous de faire votre sélection. Enregistrez vos images dans un dossier bien spécifique à ce projet car il y en aura beaucoup.

04 IMPORTER VOTRE SÉLECTION DE TEXTURES

Ouvrir toutes vos textures que vous avez soigneusement rangées. Sélectionnez-les dans le dossier concerné en faisant Fichier> Ouvrir et Ctrl/Cmd+clic. Une fois ouvertes, déplacez-les dans votre scène "Matte Painting" à l'aide de l'outil Déplacement (V).

05 POSITIONNER VOS ÉLÉMENTS DANS LA SCÈNE

Pour les positionner, vous aurez besoin d'utiliser le plus souvent les outils suivants : Rectangle de sélection (M), Lasso polygonal (L), Déplacement (V), Transformation (Ctrl/Cmd+T lorsque le mode sélection est activé), et la touche Suppr. Vous aurez besoin également de peindre et dessiner certaines formes à l'aide de ces outils : le Pinceau (B) et Maj+Pinceau pour faire des traits droits, la Gomme (E) pour effacer, et les Formes (F5). N'oubliez pas de ranger tous les calques dans un groupe nommé "Éléments" pour vous y retrouver. Il y aura en effet de nombreux calques au fur et mesure... Dans le CD, ce calque se nomme "Structure A". Un conseil : n'aplatissez pas les calques pour les retoucher individuellement si besoin. Une fois vos éléments positionnés, le plus proprement possible bien évidemment, vous obtiendrez ce type de résultat.

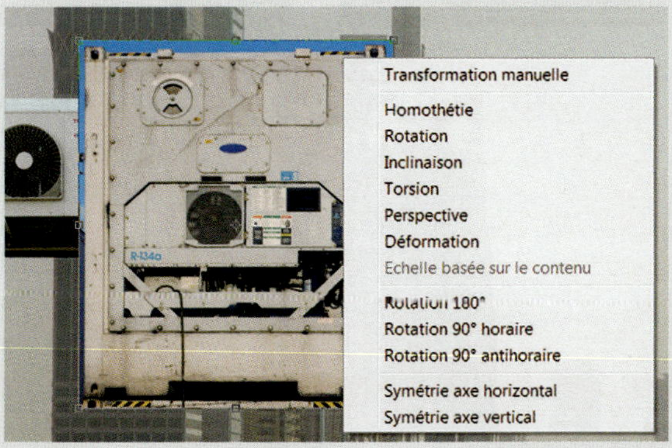

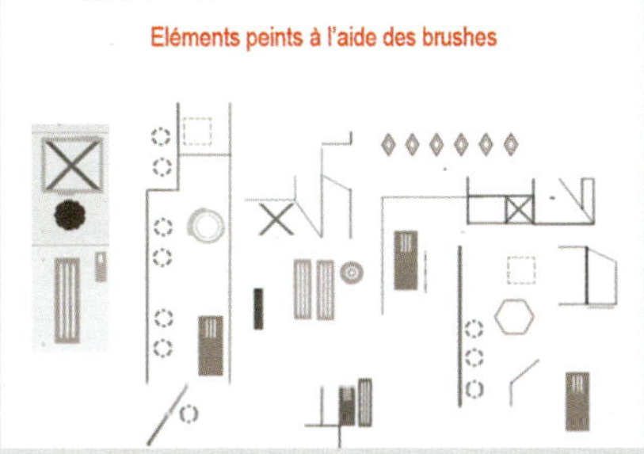

L'addition de la "Structure A" et de "l'Originale Plate" donnerait ceci :

N'hésitez pas à atténuer l'opacité de vos calques, vos images/textures doivent se fondre au décor.

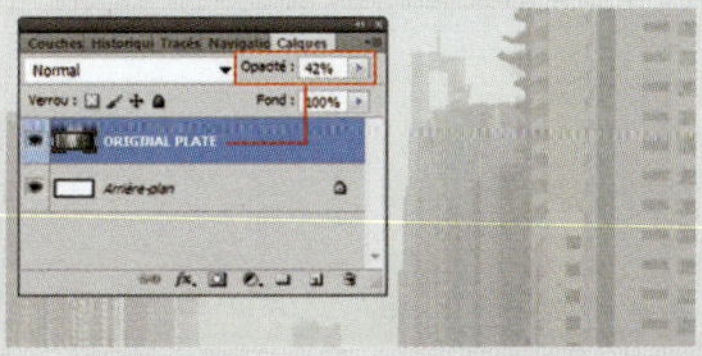

06 CRÉER DES BUILDINGS FUTURISTES

Pour habiller notre matte painting, nous utiliserons essentiellement l'outil Pinceau (B).
Pour prendre la couleur et faire apparaître l'outil Pipette faites Alt+clic. Peignez ensuite des formes pour prolonger les différents buildings. Dans le CD, le calque s'appelle "Structure B". L'addition des deux structures (A/B) créées et de l'Original Plate donnera le résultat vu sur la troisième capture d'écran ci-dessous.

07 PLACER UNE TEXTURE

Pour texturer certains de vos éléments, placez votre image. Passez-la en mode Incrustation dans les modes de fusion. Vous obtiendrez ce résultat.

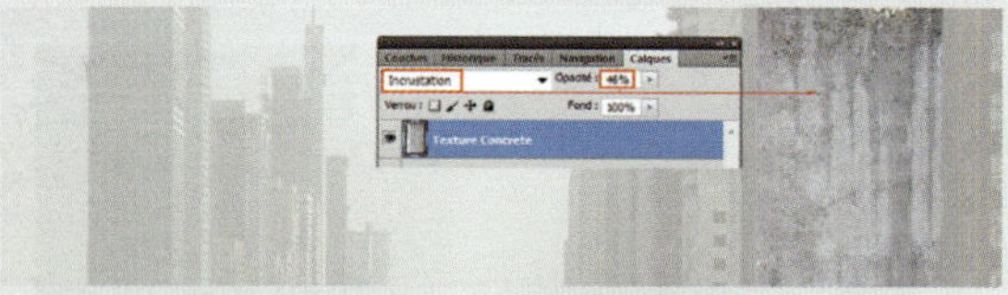

Aperçu du matte :

08 CRÉER UN MASQUE 1/3

Dans un premier temps, nous allons créer un masque pour séparer l'ensemble des buildings. Ce calque nous sera très utile, car il va nous permettre d'y faire plusieurs choses : intégrer un ciel, retoucher la couleur, étalonner, créer une passe de Z Depth, et ajuster la profondeur de champ. Passez en mode Couches. Allez dans Fenêtre> Couches et dupliquez la couche Rouge. Sélectionnez-la, faites un cliquer/glisser sur l'icône Créer une couche. La couche Rouge est dupliquée. Faites un Ctrl/Cmd+L pour faire apparaître la fenêtre des Niveaux (ou allez dans Image> Réglages> Niveaux). Déplacer les valeurs de noirs, de gris, et de blanc de façon à faire apparaître la silhouette de l'ensemble des buildings. Entrez ces valeurs : 166, 1, 168. Vous obtiendrez ceci.

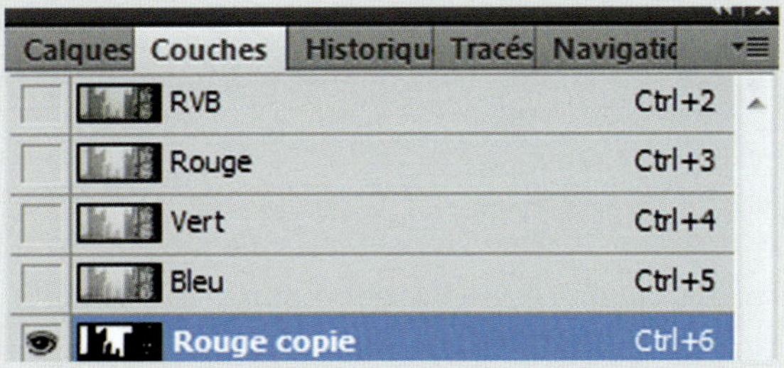

09 CRÉER UN MASQUE 2/3

Comblez le blanc à l'intérieur des buildings. Prenez l'outil Pinceau (B) et sélectionnez la couleur noire avec la Pipette en faisant Alt+clic, puis peignez les zones concernées. Détourez la totalité des buildings et ceci le plus proprement possible. Au final, vous devez obtenir ceci.

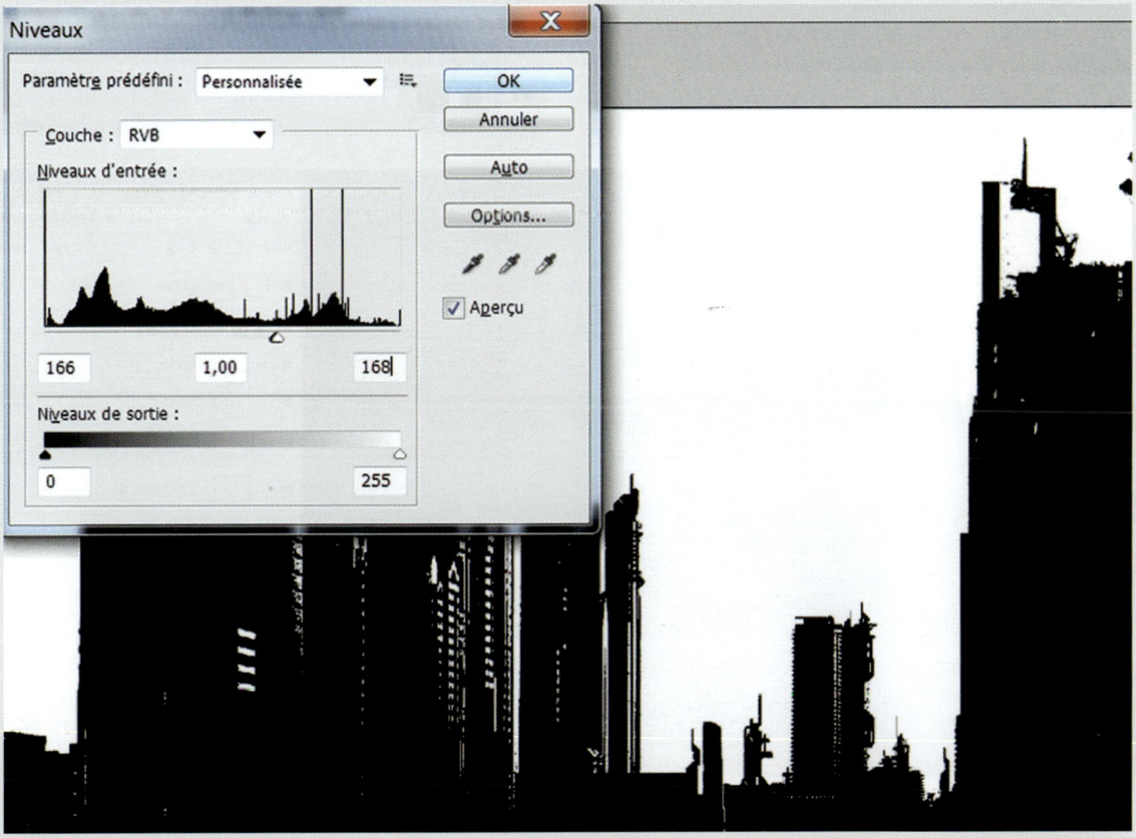

10 CRÉER UN MASQUE 3/3

Une fois fini, sélectionnez la Baguette magique (W) et faites un clic sur la partie noire. Repassez en mode RVB. Retournez ensuite dans la fenêtre des Calques. Nous allons créer un nouveau calque, prendre l'outil Pot de peinture (G) ou Maj+G, et remplir la zone building en noir. Nommez ce calque "Masque Building". Pour le ciel, créez un nouveau calque et nommez-le "Masque Ciel". Revenez sur le calque "Masque Building" et faites un Ctrl/Cmd+clic sur l'icône de celui-ci. Vous venez de sélectionner la totalité de la zone noire. Faites ensuite un clic droit et choisissez Intervertir (un outil de sélection est obligatoire). Le raccourci correspondant est Maj+Ctrl+I (ou allez dans Sélection> Intervertir). Revenez sur le calque "Masque Ciel". Prenez l'outil Pot de peinture (G) et choisissez une couleur, jaune par exemple. Appliquez-la. Ce calque nous servira de masque pour créer le ciel. Nous y reviendrons plus tard.

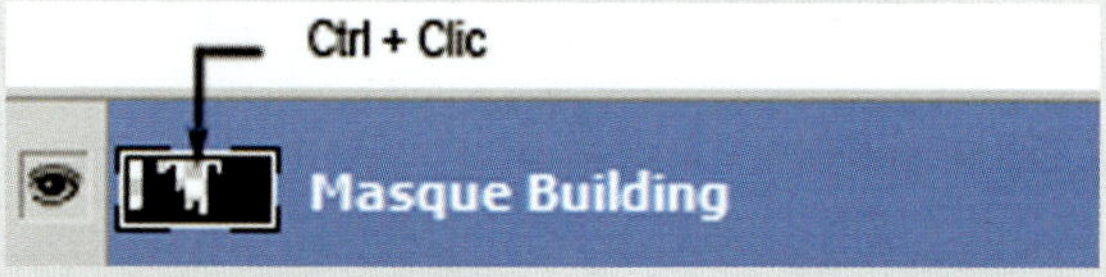

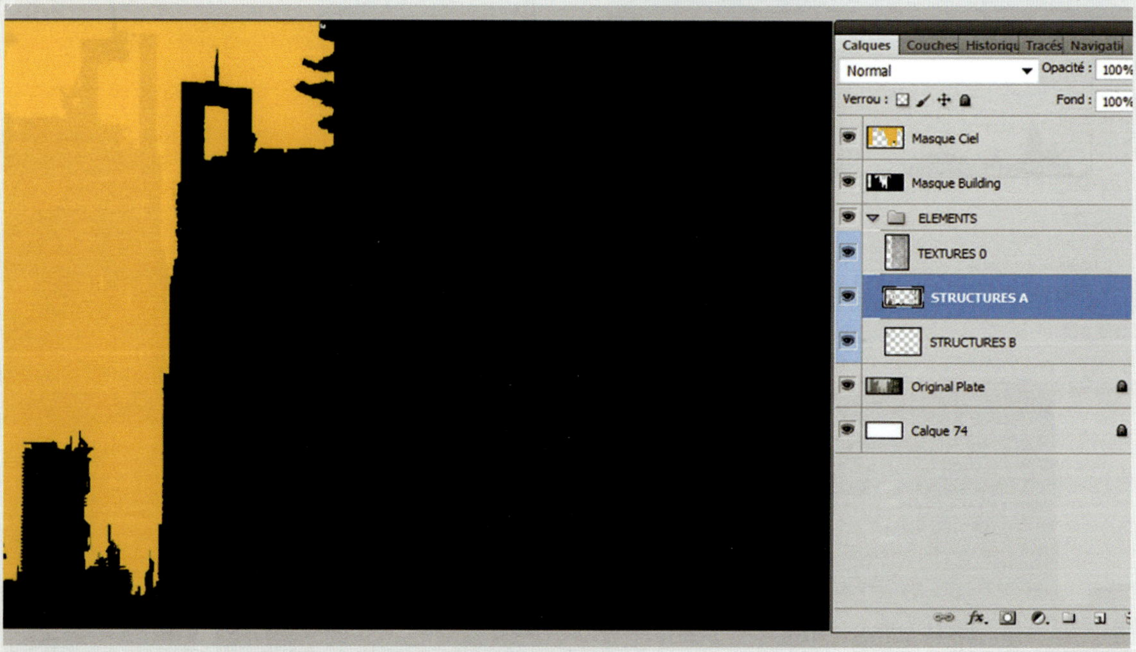

11 CRÉER UNE PASSE DE Z DEPTH ET DES OMBRES 1/2

La passe de Z Depth va nous aider à marquer la profondeur. Les outils nécessaires seront la Baguette magique (W), les outils de sélection (L) et (M) ou Maj+L ou M pour sélectionner les suivants, l'outil Dégradé (G) ou Maj+G (choisir le noir et le blanc comme couleurs). Repassez sur le calque "Masque Building". Utilisez la Baguette magique et faites une sélection globale de la valeur noire. Prenez ensuite le Rectangle de sélection ou le Lasso. Faites Alt+cliquer/glisser pour désélectionner les parties qui ne seront pas concernées. Il y a cinq parties : jaune (C), violet (E), rouge (A), vert (B), bleu (D). Le but est de créer cinq calques bien distincts, A, B , C, D et E.

Consultez le PSD du CD pour bien comprendre les zones à cibler. Le groupe s'appelle "Z Depth + Ombres". Appliquez ensuite un Dégradé de couleur blanc à noir à chacun des calques. Utilisez Maj+G ou G pour sélectionner l'outil Dégradé. Rangez ces calques (A, B, ...) dans un groupe nommé "Z Deph + Ombres". La Z Depth ressemblerait à ceci.

12 CRÉER UNE PASSE DE Z DEPTH ET DES OMBRES 2/2

Passez ces cinq calques (A, B, C, D, E) en mode Incrustation. N'oubliez pas de jouer avec les valeurs d'opacité de chacun des calques pour augmenter ou diminuer les valeurs de lumières et d'ombres. Nous obtenons ceci.

13 CRÉER LE CIEL

Créez un nouveau groupe. Importez une image de ciel, de préférence un coucher de soleil. Vous pouvez en télécharger sur mon blog. Faites Fichier> Ouvrir et sélectionnez votre ciel dans le dossier concerné. Placez votre image à gauche de la composition. Appliquez-lui une Teinte/ Saturation pour éventuellement en retoucher la couleur. Revenez sur le calque nommé "Masque Ciel". Faites un Ctrl/Cmd+clic sur l'icône. Vous venez d'activer la sélection. Sélectionnez ensuite votre calque "Ciel ou Sky", et appliquez-lui un masque de fusion. Recommencez ceci pour le calque "Teinte et Saturation" placé juste au-dessus. Ce calque vous permettra de retoucher la couleur uniquement du ciel.

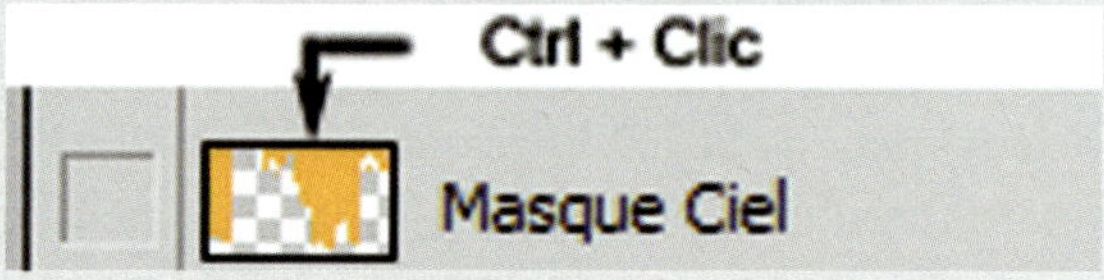

14 IMPORTER LE VAISSEAU

Faites Fichier> Ouvrir et sélectionnez "Spaceship.PSD" dans le dossier CD. Placez-le au centre de l'image. Vous pouvez également le peindre vous-même à l'aide des Formes (F5). Vous pouvez en télécharger gratuitement à cette adresse : http://22pixels.com/browse/brushes/.

15 CRÉER UN SOLEIL

Créez un nouveau calque. Saisir l'outil Ellipse de sélection (M) ou Maj+M. Tracez un cercle. Utilisez l'outil Pot de peinture (G) et remplissez le cercle d'une couleur jaune/blanc. Prenez l'outil Goutte d'eau pour atténuer les contours. Créez un groupe et mettez ce calque à l'intérieur de celui-ci en le nommant “SUN”. Appliquez-lui une Lueur externe pour créer un halo lumineux autour du soleil.

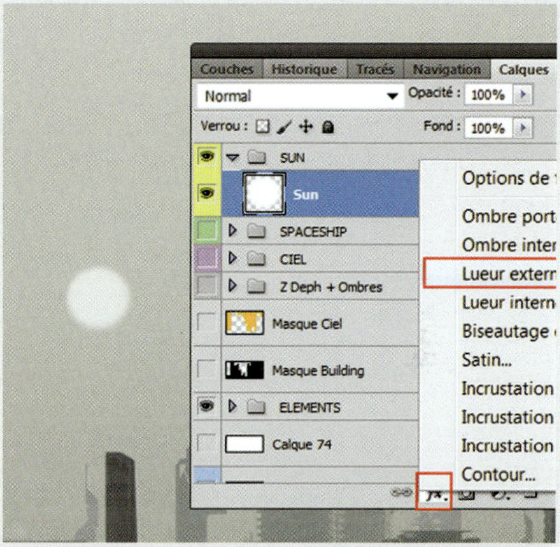

16 CRÉER UNE AMBIANCE DE COULEUR

Créez un nouveau calque appelé “Color” ainsi qu'un nouveau groupe, que vous nommerez “Light”. Retournez sur le calque “Color”. Prenez le Pot de peinture (G) et appliquez-lui une couleur orange. Passez le calque en mode Produit. N'hésitez pas à baisser l'opacité du calque.

17 CRÉER LA GLOBAL ILLUMINATION

Créez un nouveau calque et nommez-le “GI”. Avec le Pot de peinture (G), appliquez-lui une couleur noire impérativement. Allez dans Filtre> Rendu> Halo et choisissez 105 mm. Passez le calque en mode Incrustation. Rangez ce calque dans le groupe “Light”. Réduisez son opacité.

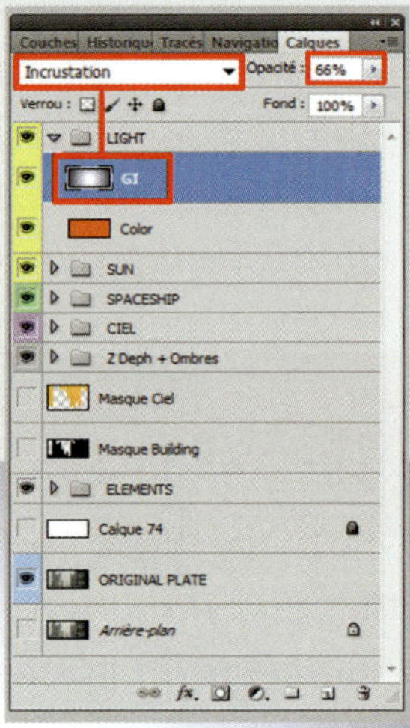

18 ÉTALONNAGE ET CORRECTION

Pour étalonner, utilisez les calques précédents, les masques du ciel et du building. Sur le CD, ces calques se nomment “Masque Ciel” et “Masque Building”. L’étalonnage et la correction des couleurs se font à l’œil. Il n’y a pas de paramétrages prédéfinis. Je vous invite à faire vos propres réglages. Activez la sélection du calque “Ciel” en faisant Ctrl/Cmd+clic sur la petite icône. Appliquez un masque pour ne retoucher que “Ciel” ou “Building”. Reportez-vous au PSD sur le CD.

19 ÉTALONNAGE POUR Z DEPTH

Utilisez les calques A, B, C, D, E du groupe “Z Depth + Ombres” pour créer des masques Teinte/Saturation. Ces masques nous permettent de modifier la luminosité et d’accentuer la profondeur de champ.

20 IMAGE FINALE

Voici le résultat de l’exercice.

L'ARTISTE
Étienne Deffinis

Étienne Deffinis aka Blond ou Winerla est un jeune peintre numérique amateur de 27 ans vivant à Lyon. Touche-à-tout et féru d'art en tout genre, il consacre une partie de son temps libre à gribouiller et bricoler des œuvres sur papier ou sur ordinateur. Architecte paysagiste de métier, il découvre les bases de Photoshop lors de ses études et explore ses possibilités de manière autodidacte. Ses thèmes de prédilection sont : les paysages fantastiques, industriels, de science-fiction, l'architecture sous toutes ses coutures... mais également la lumière, la perspective, les couleurs, les ambiances ou encore la solitude.
Site Internet : winerla.deviantart.com/
Portfolio : etienne-deffinis.daportfolio.com

Silent Night, Frozen Night © photo See · ming Lee
http://flickr.com/photos/seemonglee/167976944
© brush Concept on mac http://concept-on-mac.deviantart.com/

Waiting for Paladin © photo : Richie Heaney · The Shambles
http://www.flickr.com/photos/richieheaney/4416592790/
© brush : Concept on mac http://concept-on-mac.deviantart.com/

PARIS 2611

Réaliser rapidement un "matte painting concept" d'une ville futuriste avec quelques clichés et des coups de pinceaux avec Photoshop CS4.

L'idée est simple : mettez votre chrono sur 2 h après avoir sélectionné quatre photos de base pour la conception du matte painting, lancez Photoshop et bien sûr sélectionnez une liste de vos morceaux préférés pour rythmer le tout dans votre casque !

SUR LE CD : Vous trouverez sur le CD les images utilisées ainsi que le document Photoshop avec ses calques.

NOTRE EXPERT
Johann Goutard
est un artiste freelance de 35 ans vivant à Paris. Nouveau dans le monde de l'art digital, il aime tester un maximum d'approches différentes pour réaliser ses visuels.

01 CHOISIR LES IMAGES DE DÉPART

Choisissez bien vos photos de départ de façon à ce qu'elles puissent facilement s'assembler. Ici, nous pouvons observer que la sélection a été basée sur deux critères simples : la ligne d'horizon et une colorimétrie proche. Les deux photographies du haut sont des prises personnelles de Los Angeles et de Paris, du haut de la Tour Eiffel. Les deux autres, de moindre importance, ont été récupérées via Google pour le coucher de soleil et les nuages.

02 APPLIQUER LA PREMIÈRE FUSION

L'image de Los Angeles vous servira de base pour l'arrière-plan. Placez celle de Paris sur le calque supérieur, créez un masque, et à l'aide d'une Forme de pinceau ronde humide commencez rapidement à effacer la zone centrale afin de révéler la ville de Paris puis son ciel en prenant soin de conserver les montagnes, l'immeuble sur la droite ainsi que le premier plan avec la végétation. Vous pouvez d'ores et déjà observer que votre visuel prend très rapidement un aspect très différent !

03 SUPPRIMER LA PÉNICHE

Ce matte painting n'a pas pour objectif d'être léché. Rappelez-vous que le compteur tourne… Zoomez sur la péniche, sélectionnez l'outil Tampon de duplication (S) et rayez la péniche de la carte en quelques touches brèves tout autour de celle-ci. Ne perdez pas trop de temps pour fignoler cette étape car, l'œil ne sera pas du tout attiré ici, ce qui aurait été le cas si nous ne l'avions pas effacé ! En effet, sur ce type de travail, le nettoyage de l'image devient nécessaire par endroit afin d'éviter que quelques éléments ne perturbent la lecture.

04 INCRUSTER LE CIEL ET DES NUAGES

Plaquez l'image avec le soleil couchant en haut à gauche sur un nouveau calque. Utilisez exactement la même méthode que pour l'étape 02. L'utilisation des masques de fusion permet de modifier totalement l'aspect d'une image sans en altérer l'origine ! C'est extrêmement pratique et j'avoue les utiliser très souvent. Procédez de même pour les nuages à droite. Le but de ces manipulations n'est pas hasardeux. Ici, nous souhaitons générer une atmosphère chargée. L'ajout de nuages renforce cette impression.

05 ATTÉNUER LES EFFETS DE BRÛLURES

Le réalisme est essentiel pour réaliser un matte painting. Même si celui-ci n'a pas pour vocation de l'être, c'est surtout sa "crédibilité" qui doit retenir votre attention tout au long de sa réalisation.
À ce stade, le soleil est beaucoup trop violent. Créez un nouveau calque et choisissez un jaune très clair avec la Pipette (i) autour du soleil et couvrez-le avec votre Forme de pinceau ronde humide. Jouez ensuite avec l'opacité pour obtenir l'effet souhaité. La lumière diffuse toujours un halo. Une technique simple pour le reproduire fidèlement consiste à créer un calque, choisir le mode Densité linéaire - (Ajout), choisir un rouge très vif puis, en conservant la même Forme, peindre puis jouer avec l'opacité.

06 LE PAINTING !

Il s'agit désormais d'attaquer la partie créative de l'œuvre. Pour ce faire, armez-vous d'une Forme de pinceau ronde dure. Rendez-vous en haut des bâtiments que vous souhaitez faire "grandir", utilisez la Pipette pour prendre la couleur des murs que vous voulez étendre et travailler les formes comme il vous plaira ! C'est avant tout un exercice créatif. Cet exercice peut aussi être réalisé à l'aide de photos d'immeubles, si toutefois vous n'êtes pas un fan du painting. Dans ce cas, créez des formes basiques à l'aide du Lasso (L) et venez plaquer des façades d'immeubles à l'intérieur, en respectant la perspective bien sûr !

07 GÉRER LES OMBRES ET LA LUMIÈRE

Les ombres projetées et propres permettent de rendre votre visuel crédible. Ici, la tour centrale est le seul bâtiment sur lequel une ombre projetée peut être visible. Pour ce faire, utilisez une Forme de pinceau ronde humide sur un nouveau calque en mode Produit en sélectionnant une couleur bleu foncée (couleur du ciel). Ajustez le contraste en jouant avec l'opacité. Côté lumière, le coucher de soleil nous indique clairement qu'il doit y avoir de la lumière dans les appartements ! Ici, pas de détails : peignez des petits coups de Forme de pinceau dure à plusieurs points en prenant soin de changer de couleur de temps en temps. À vous d'équilibrer à l'œil. Vous pouvez aussi renforcer la luminosité du soleil couchant en utilisant la technique de l'étape 06 (en créant un calque en mode Densité linéaire - (Ajout)).

08 DÉTAILLER LA TOUR DU PREMIER PLAN

Cette étape est celle qu'il faut le plus soigner ! Le temps passe, alors plongez-vous dans une recherche rapide de photos avec des structures métalliques en tout genre, empilez plusieurs calques masque d'écrêtage, jouez avec les différents modes d'incrustations (Lumière tamisée et Incrustation) et avec l'opacité. Gommez les détails qui vous gênent et lorsque vous pensez être parvenu à quelque chose de cohérent, passez à l'étape suivante mais surtout : faites vite ! Vous pourrez facilement observer cette façon pittoresque de procéder sur le document Photoshop du CD.

09 RAJOUTER LES EFFETS LUMINEUX "QUI FONT TOUT !"

À partir de maintenant, il s'agit d'ajouter les touches lumineuses au niveau des trous laissés à cet effet sur la tour principale du premier plan. Rien n'est plus simple : créez un calque, prélevez à l'aide de la Pipette (i) un jaune très pâle, puis, toujours à l'aide d'une Forme de pinceau ronde humide assez grosse, faites deux touches rapides au niveau des ouvertures. Ensuite, sur un calque supplémentaire mais en mode Incrustation cette fois-ci, opérez de la même façon. Enfin réglez l'opacité de vos deux calques afin d'obtenir quelque chose qui ne soit ni trop violent ni trop faible en clarté, et le tour est joué !

10 AMPLIFIER L'ATMOSPHÈRE

Une forme de nuage fera toujours l'affaire. Il s'agit de tamponner ici et là quelques nuages, d'en faire varier la taille puis de gommer, toujours avec la même forme, certaines parties qui vous semblent trop fortes ou bien qui altèrent la crédibilité du visuel. Vous pouvez également créer par dessus un calque en mode Incrustation, prendre une forme de pinceau ronde humide et une couleur très claire, puis éclaircir quelques zones.

11 FINALISER LE CADRAGE

Une fois le tout harmonisé, créez un nouveau document sur un format plus étendu. Copiez/collez votre visuel à l'intérieur, puis, à l'aide de l'outil Transformation (T), faites varier sa taille et sa rotation jusqu'à ce que vous trouviez l'angle idéal de manière à rendre votre visuel plus dynamique.

12 CRÉER L'AMBIANCE COLORIMÉTRIQUE

Cette dernière étape a pour objectif de créer l'ambiance globale de votre image. Ajoutez un calque de réglage Courbes puis faites varier tour à tour chaque couche. Cet outil est très puissant. Les modifications de courbes doivent être très subtiles. Voilà votre matte painting réalisé !

NOTRE EXPERT
Frédéric St-Arnaud

Frédéric St-Arnaud est un artiste en effets visuels de 14 ans d'expérience, mettant le focus principalement sur la peinture cache (matte painting ou matte art) de style photoréaliste, les extensions de décors numériques et la conception visuelle dans l'industrie de cinéma. Frédéric a contribué à ce jour à plus de 25 longs métrages, une douzaine de publicités télé et quelques téléséries. Sa filmographie inclus Indiana Jones et le Royaume du Crâne de Cristal, Terminator 4, Le Jour où la terre s'arrêtera, Course à la Mort, Babel, Silent Hill, Sin City, Capitaine Sky et Le monde de demain, Il était une fois au Mexique, Espion en Herbe 2 et 3 et La Boussole d'Or *qui a remporté l'oscar des meilleurs effets visuels 2008.*

Matte Painting 100 % peinture

Par définition, le matte painting doit en principe être photoréaliste ; et, pour cette raison, il sera très courant d'utiliser des photographies, des textures et des éléments 3D pour y parvenir. Pourtant, étant donné que de plus en plus d'artistes pratiquent le matte painting à des fins plus illustratives (c'est-à-dire sans le destiner à être utilisé comme arrière-plan dans un film), il n'est pas exclu de réaliser des travaux à mi-chemin entre le matte painting et le concept art, avec ses coups de pinceau visibles et un aspect général qui ne créera pas l'illusion de la réalité. Le fait d'essayer de se rapprocher d'un résultat réaliste via la seule utilisation des outils de peinture de Photoshop peut être un excellent moyen de progresser et de repousser vos limites en peinture numérique, puisque vous n'aurez pas les photos et autres objets 3D pour vous aider !

PURPLE SKY

Jouez avec la lumière et les ombres pour réaliser un paysage de science-fiction sur une planète à l'atmosphère fantastique…

Nous allons créer dans ce tutoriel un paysage typique de science-fiction, tout en développant une ambiance empruntant un peu à l'univers "fantasy". L'objectif est de vous apprendre à créer de telles scènes en vous aidant notamment du contre-jour. En effet, nous allons partir d'une image où des silhouettes se dégagent car la source lumineuse se diffuse juste derrière elles. Nous allons par la suite accentuer cet effet tout en créant de nouvelles formes. Cela nous permet de mettre au point une image crédible sans pour autant passer trop de temps sur les détails et ainsi écarter la problématique du réalisme. C'est pour cela que ce tutoriel est accessible à tous, peu importe votre niveau. En revanche, ce temps gagné sur le souci du réalisme nous permet de nous pencher plus longuement sur la création d'une atmosphère et d'une ambiance. Petit bonus, : je vous ai prévu sur le CD des liens vers des images en contre-jour sur lesquelles vous pourrez réemployer la technique que nous allons apprendre pour vos propres créations. Donc allez-y, créez vos univers !

SUR LE CD : Pour mener à bien ce tutoriel, nous nous servirons de l'image n° 866079_67332324 à télécharger sur le site de sxc.hu. Merci à Hilde Vanstraelen de nous prêter sa photo. Vous trouverez également des liens sur le CD pour trouver des textures intéressantes pour la création de planètes. J'ai prévu aussi des liens vers d'autres images en contre-jour pour que vous fassiez votre propre monde une fois la technique assimilée.

NOTRE EXPERT
Aeon-Lux

Jonathan Maurin AKA Aeon-Lux est un artiste freelance de 29 ans qui évolue sur la Côte d'Azur. Autodidacte et touche à tout, il aime découvrir de nouvelles techniques pour enrichir sa palette de compétences. Vous pouvez retrouver les créations de Jonathan Maurin sur aeon-lux.deviantart.com/.

01 CHOISIR LE FORMAT DE BASE

Nous allons créer un nouveau document : Fichier> Nouveau (Ctrl/Cmd+N ou double clic sur l'environnement de Photoshop). Entrez une largeur de 1500 sur 2400 pixels de hauteur. J'ai choisi une image verticale ici mais je vous épargne toutes les hésitations et les nombreuses tentatives avant d'établir un tel format. Penser une création prend autant de temps que de la réaliser techniquement, il ne faut pas écarter cette phase de recherche car elle vous permet d'établir ce que vous voulez représenter. Je désirais ici jouer sur l'antagonisme entre le sol de notre planète et le ciel fantastique. Une image en hauteur semble donc être la meilleure option pour développer à la fois la terre et les ciels.

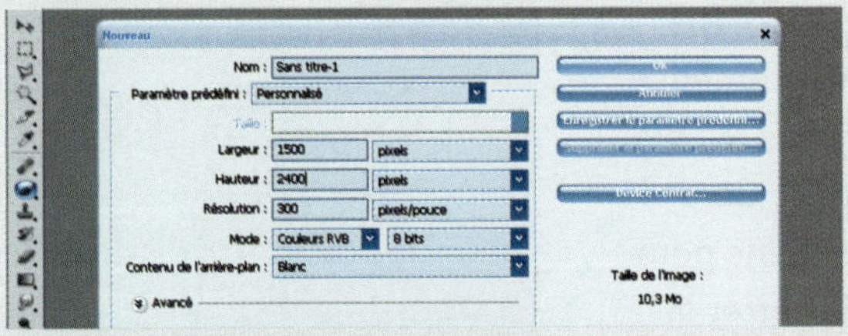

02 CHOISIR L'IMAGE DE BASE

Ouvrez l'image qui va vous servir de base pour poser l'ambiance et les silhouettes. Redimensionnez-la de façon à ce que sa largeur corresponde celle de notre composition. Pour éviter une déformation lors de la manipulation, réduisez la taille de l'image tout en maintenant la touche majuscule enfoncée. Modifiez la taille de l'image à partir des points de déformation présents dans les coins. Cela permet de garder les proportions tout en adaptant l'image à notre composition.

03 COMBLER LE CIEL

Une fois l'image redimensionnée et placée en bas de notre composition, on voit clairement qu'il manque une grande partie du ciel. Nous allons remplir ce vide en créant un nouveau calque. Ce dernier va être rempli à l'aide de l'outil Dégradé. Faites un Dégradé linéaire allant du violet jusqu'à la couleur la plus haute de l'image de base. Vous pouvez recommencer plusieurs fois jusqu'à être satisfait. Ensuite, à l'aide de la Gomme, réglée sur une forme grande et douce, effacez la partie basse pour révéler la photo. Ne remontez pas trop haut sinon la délimitation risque d'apparaître. L'objectif est de faire une intégration naturelle de notre nouveau ciel. On ne doit donc pas voir de marques nettes entre la photo et le dégradé.

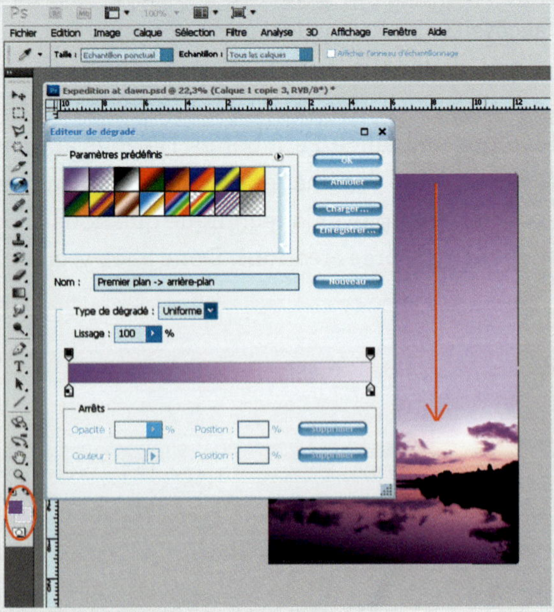

04 CONTRASTER LE CIEL

Nous allons ici créer trois calques servant à contraster l'atmosphère. Les couleurs sont certes belles mais la crédibilité reste à améliorer. Tout d'abord, faites un calque que vous passez en mode Couleur, à 20% d'Opacité. Appliquez-lui un Dégradé linéaire allant de la couleur violet foncé en haut à gauche vers un orange soutenu en bas à droite. Nous allons ainsi créer une atmosphère crépusculaire. Pour renforcer le contraste, ajoutez sur un nouveau calque un autre dégradé mais cette fois allant du noir pour le haut vers le transparent. Passez ce calque en mode de fusion Lumière tamisée. Dupliquez ce nouveau calque et baissez légèrement son opacité (à environ 70 %). Nous venons ainsi d'intensifier le ciel et d'aider le regard de l'observateur à être attiré vers notre paysage.

05 AJOUTER DEUX SOLEILS

Créez un nouveau calque et avec une Forme ronde de 100 pixels, dure (100%), d'une couleur jaune très pâle, dessinez deux ronds qui vont correspondre à nos astres, responsables du contre-jour. Donc en toute logique ils sont placés là où la lumière est la plus importante, c'est-à-dire juste au-dessus de l'horizon à droite de notre composition. Nous allons lui appliquer un style de calque. Double-cliquez sur le calque des soleils et faite une Lueur externe de 18 pixels à 100% d'opacité. Ensuite, passez ce calque en mode de fusion Lumière vive pour intensifier le côté lumineux.

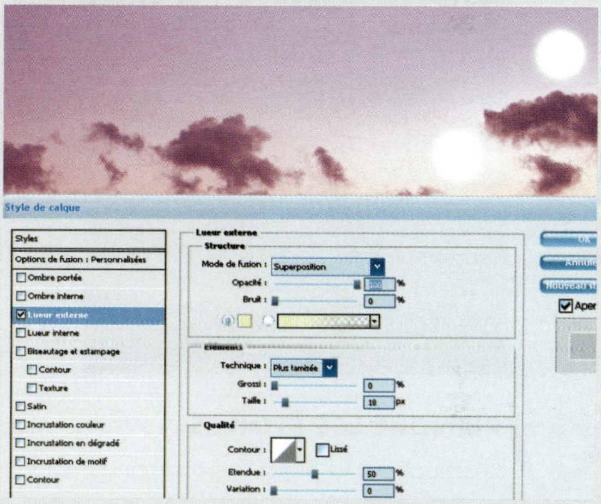

Filtres

Les filtres Photoshop sont trop souvent dénigrés alors qu'ils sont des outils importants. Ils ne font pas tout mais peuvent contribuer à donner un petit plus. Tentez par exemple de faire le filtre Nuages puis un Flou directionnel. Vous obtenez une texture personnelle intéressante à mettre dans une création avec un mode de fusion Incrustation ou Produit. Vous pouvez aussi faire un Ajout de bruit entre les deux opérations pour avoir une texture encore plus contrastée. Tentez des choses avec ces filtres car ils peuvent vous apporter une valeur ajoutée à vos créations.

06 TEXTURER LE CIEL

Nous allons travailler l'ambiance du ciel encore un peu en lui donnant une texture. Créez un nouveau calque que vous remplissez à l'aide du filtre Nuages (Filtre> Rendu> Nuages). Pensez à réinitialiser les couleurs pour avoir le noir et le blanc en bas de la barre d'outils. Ensuite, faites un Flou directionnel (Filtre> Atténuation> Flou directionnel) de 60° et de 999 pixels. Vous obtenez des traînées obliques. Passez ce nouveau calque en mode Incrustation. Vous venez de donner un effet "texturé" à notre ciel. Arrondissez un peu les traînées avec l'outil Déformation. Vous pouvez également gommer par touche les éléments qui ne vous conviennent pas. Pour ma part, j'ai effacé la partie du sol et j'ai baissé l'opacité de ce calque. Vous pouvez ajouter d'autres textures par-dessus ce ciel pour donner encore plus de matière selon vos goûts.

07 PEINDRE LES ÉTOILES

C'est une partie assez importante dans ce genre de scène. Vous pouvez peindre l'ensemble des étoiles à l'aide d'une forme de pinceau blanche avec une Dureté de l'ordre de 50%. Faites varier la taille des étoiles. Une façon plus rapide est d'utiliser des formes déjà conçues. Allez sur le site deviantART, il y en a à foison. Un conseil cependant, une fois le ciel étoilé réalisé : dupliquez le calque et passez-le en mode Eclaircir pour renforcer certaines étoiles. Pensez également à faire en sorte que les étoiles ne se voient pas à l'horizon mais que plus le regard monte, plus elles sont présentes. Effacez donc celles qui sont trop basses.

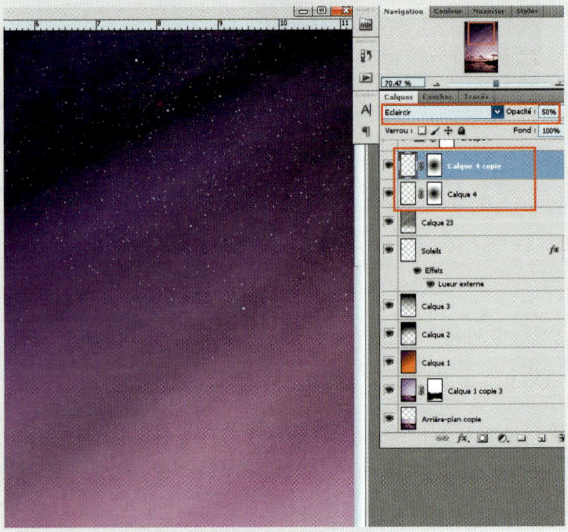

« Vous pouvez ajouter d'autres textures par-dessus ce ciel pour donner encore plus de matière selon vos goûts. »

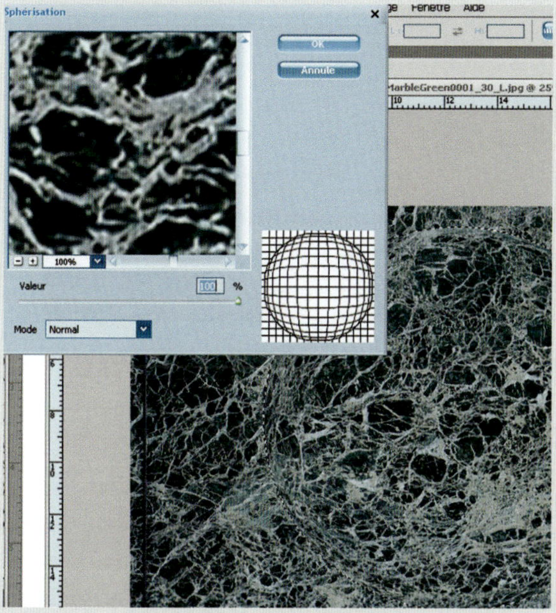

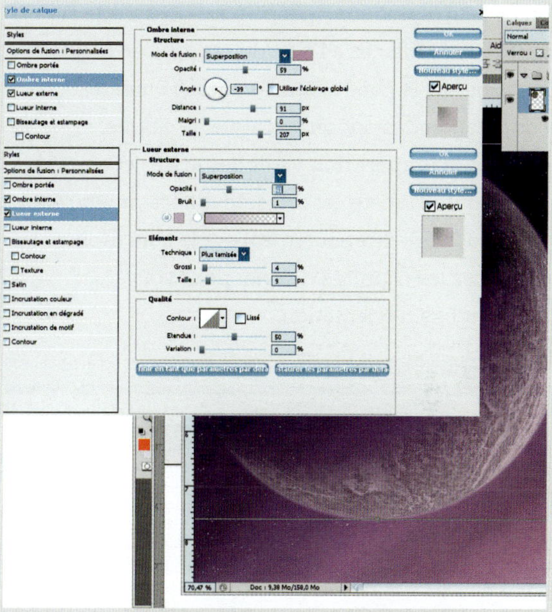

08 AJOUTER LA PLANÈTE PRINCIPALE

Désormais nous allons ouvrir une texture pour créer notre planète. Il y a un lien sur le CD conduisant à celle que j'ai utilisée. Mais vous pouvez prendre celle que vous souhaitez, à condition qu'elle soit de bonne définition. Une fois ouverte, tracez un cercle sur votre texture à l'aide de l'outil Ellipse de sélection tout en maintenant la touche majuscule pour obtenir un cercle. Faites ensuite un clic droit et choisissez Calque par copier. Faites Ctrl/Cmd+clic sur ce nouveau calque dans le panneau Calques pour récupérer cette sélection ronde. Ensuite, appliquez deux sphérisations à 100 % (Filtre> Déformation> Sphérisation). Pour finir, faites glisser cette nouvelle sphère dans notre composition. Réglez sa taille et placez-la en haut à gauche.

09 INTÉGRER LA PLANÈTE

Nous allons maintenant intégrer cette planète dans notre atmosphère. Mettez ce calque dans un nouveau groupe et appliquez-lui un masque de fusion qui nous servira plus tard. Ensuite double-cliquez sur le calque de la planète et appliquez-lui le style de calque comme dans la copie d'écran. Le but est de faire correspondre les luminosités. Sur une autre création, vous appliquerez les mêmes outils mais avec des variables différentes car il s'agira d'une autre atmosphère. À l'aide d'une Forme de pinceau noire à 70 % d'opacité, peignez sur le masque vectoriel du groupe pour effacer la partie à l'ombre. Ainsi, la couleur du ciel apparaîtra. Pensez à effacer les étoiles qui se trouvent devant.

10 AJOUTER UNE PLANÈTE DANS LE LOINTAIN

Faites une copie du groupe. Réduisez-le et placez-le en bas et baissez son opacité pour donner de la profondeur. Effacez à l'aide du masque de fusion la partie sur le nuage. Pensez aussi à changer l'orientation des options du style de calque. En effet, la lumière doit venir des astres et comme cette petite planète est orientée différemment, les reflets doivent être seulement sur le côté droit. Regardez les captures d'écran pour voir la différence d'orientation.

11 CRÉER UNE PLANÈTE HABITÉE

Maintenant, nous allons créer les bâtiments qui vont donner cette impression de planète habitée. Nous allons détailler d'abord la tour à gauche au premier plan. Lors de la création de ces architectures, faites plusieurs tentatives pour voir ce qui vous plaît. Pour la création, j'ai prélevé à la Pipette la couleur de la forêt derrière laquelle va se trouver mon bâtiment. Ensuite avec l'outil Plume, j'ai dessiné une forme d'abord en courbes incurvées sur la gauche puis revenant au sol de façon verticale. Faites un clic droit sur cette forme dans le panneau Calques et faites Pixeliser la forme. Créez ensuite un masque de fusion et effacez la partie sur la forêt, de sorte à intégrer ce bâtiment à l'arrière de la forêt.

Masques

On se retrouve parfois coincé avec les masques de fusion si on les applique à un calque qui possède un style de calque. Une Lueur externe va par exemple s'appliquer sur le pourtour de la zone que nous avons effacée. Si on veut se débarrasser de ces aberrations et que l'on veut effacer une partie du calque (y compris son style), il faut mettre le calque dans un groupe même s'il est seul. Ensuite, appliquez un masque de fusion sur le groupe et effacer avec un Pinceau noir les parties devant disparaître...

12 CRÉER UNE AUTRE PLANÈTE HABITÉE

Suivez la même logique pour les autres bâtiments à créer, avec un calque par bâtiment. Pensez que l'éloignement va éclaircir et rendre moins dures les formes à cause de l'atmosphère. Il faut créer des bâtiments plus au loin car ils vont renforcer l'impression de profondeur. Une fois vos bâtiments créés, nous allons tenter de les intégrer au mieux. Le problème est que l'outil Plume fait des formes très dures. Nous allons adoucir les formes en passant sur leur pourtour l'outil Goutte d'eau dont l'intensité doit être de 50 %. Passez cet outil et adoucissez la forme. Plus on s'éloigne et plus on doit insister pour donner du flou.

13 AJOUTER DES JEUX DE LUMIÈRES

Créez un nouveau calque par-dessus ceux des bâtiments. Puis avec le Pinceau réglé sur une forme douce et d'une couleur jaune pâle, créez des lumières sur le bâtiment le plus proche. Cela simule encore plus l'impression d'habitation. Pour créer les lumières assez vives des sommets des bâtiments, j'ai procédé ainsi. Créez un nouveau calque. Peignez une forme noire et ronde de l'ordre de 100 pixels. Faites un Halo (Filtre> Rendu> Halo) d'une Intensité de 50 %. Une fois fait, passez le calque en mode Superposition pour que seule la lumière s'affiche. En faisant Ctrl/Cmd+U sur ce calque vous pouvez en changer la couleur. J'ai opté pour un jaune. Dupliquez ce calque de halo obtenu et placez ces calques sur le sommet des bâtiments.

14 PLACER LES REFLETS

Pour chacun de vos objets vous devez créer un reflet sur le lac du premier plan. Chaque calque qui doit posséder un reflet doit donc être dupliqué puis subir une symétrie verticale (Edition> Transformation du tracé> Symétrie axe vertical). Placez ces calques au niveau de l'eau, là où le reflet doit être présent. Fusionnez ces calques de reflet en un seul. Enfin, appliquez un Flou gaussien entre 15 et 20 %, puis baissez légèrement l'opacité du calque. Vous obtenez donc des reflets qui aident à intégrer les éléments que nous avons placés de façon artificielle.

15 PEINDRE LES FUSÉES

Cette étape est assez simple. Comme nous sommes en contre-jour, il faut simplement créer des silhouettes de fusées. Pour cela, prenez le Pinceau et avec une forme dure et noire peignez deux formes à peu près triangulaires. Ensuite, passez l'outil Goutte d'eau pour adoucir les bords. Pensez également à baisser légèrement l'opacité pour suggérer l'éloignement.

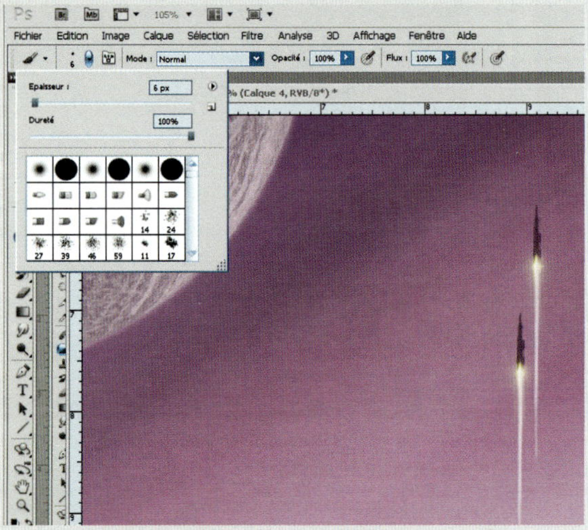

16 FORMER LES TRAÎNÉES DES FUSÉES

Qui dit engin spatial, dit réacteur et donc traînées lumineuses. Celles-ci vont être créées en deux étapes. Utilisez d'abord la même technique que pour les lumières des bâtiments. Créez un calque, faites une forme noire, puis un halo et passez le tout en mode Superposition. Placez ce calque au bas de nos fusées. Nous avons déjà la base du réacteur. Dupliquez ce calque et étirez le halo de sorte à faire une traînée. Enfin pour renforcer cette traînée, tracez une ligne verticale avec un Pinceau blanc avec une Dureté de 0 % et une faible opacité. Une fois satisfait, dupliquez les calques de la traînée et déplacez-les sous la seconde fusée.

« J'ai peint autour de mes soleils un ton orangé pour rendre le tout plus chaleureux. »

17 RENFORCER L'AMBIANCE

C'est ici que vous allez faire les dernières retouches. J'ai créé un nouveau calque en mode Couleur et avec un Pinceau doux, j'ai peint autour de mes soleils un ton orangé pour rendre le tout plus chaleureux. S'il y a une délimitation trop marquée, n'hésitez pas à appliquer un Flou gaussien. Enfin pour renforcer l'ambiance, j'ai appliqué un vignetage. C'est à dire que mon image a été entourée par une couleur plus foncée. Pour ce faire, créez un nouveau calque que vous remplirez de blanc. Passez ce calque en mode Produit. Le blanc disparaît car seules les couleurs foncées doivent apparaître. Ensuite, faites Filtre> Correction de l'objectif. Allez dans l'onglet Personnalisé et dans l'option Vignette, poussez la Quantité vers obscurcir au maximum. Faites OK. Vous voyez que l'image est plus foncée sur les bords et surtout dans les coins. Cela accentue l'ambiance fantastique. Ensuite jouez avec l'opacité de ce calque pour terminer votre création.

NOTRE EXPERT
Frédéric St-Arnaud

Frédéric St-Arnaud est un artiste en effets visuels de 14 ans d'expérience, mettant le focus principalement sur la peinture cache (matte painting ou matte art) de style photoréaliste, les extensions de décors numériques et la conception visuelle dans l'industrie de cinéma. Frédéric a contribué à ce jour à plus de 25 longs métrages, une douzaine de publicités télé et quelques téléséries. Sa filmographie inclus Indiana Jones et le Royaume du Crâne de Cristal, Terminator 4, Le Jour où la terre s'arrêtera, Course à la Mort, Babel, Silent Hill, Sin City, Capitaine Sky et Le monde de demain, Il était une fois au Mexique, Espion en Herbe 2 et 3 et La Boussole d'Or *qui a remporté l'oscar des meilleurs effets visuels 2008.*

La perspective

Que vous dessiniez vos concepts de A à Z ou que vous utilisiez des photographies comme base pour vos matte paintings, une connaissance élémentaire de la perspective ne pourra que vous aider à mener à bien votre mission. Savoir reconnaître le positionnement de la ligne d'horizon, du ou des point(s) de fuite et des principales lignes de force dans une image (qu'il s'agisse d'une photo ou d'une image peinte) vous permettra de peindre ou d'ajouter divers éléments supplémentaires (3D, photos détourées, etc.) en respectant la perspective établie dans la base de l'image. Cette cohérence d'ensemble devient primordiale pour créer un résultat crédible et ne pas vous retrouver avec des éléments disparates. Jetez un œil à la fonction Point de fuite (Filtre> Point de fuite...) et à la rubrique d'aide correspondante pour vous aider dans le respect de la perspective.

SPACE SUNSET

Créez un coucher de soleil sur une planète située dans une galaxie lointaine, très lointaine...

Rien de plus romantique qu'un coucher de soleil ! De part leurs couleurs, les photographies qui représentent ce genre de scènes attirent le regard et emportent notre imaginaire vers d'autres contrées. En ajoutant quelques éléments de science-fiction, pourquoi ne pas aller plus loin dans notre voyage dans le monde du rêve ? Ce tutoriel va vous apprendre diverses techniques, qui en plus de réaliser l'image proposée, vont vous aider pour vos autres créations. L'objectif est donc d'acquérir des compétences qui seront réutilisables à l'avenir dans votre propre processus créatif. Nous allons travailler sur l'intégration d'éléments venant de stocks différents. Nous verrons un peu de création digitale, notamment pour créer notre ambiance stellaire. Nous aborderons aussi le travail sur la luminosité afin d'inclure de façon optimale les éléments mais également de développer une ambiance, primordiale dans toutes créations graphiques. Évadez-vous et bonnes créations !

SUR LE CD : Pour mener à bien ce tutoriel, il faut télécharger gratuitement sur le site sxc.hu (une simple inscription suffit) les images suivantes : 1097452_61304079 et 887806_13048326. Le fichier psd final est aussi sur le CD pour vous aider à comprendre les étapes. Vous trouverez également des liens sur le CD pour trouver des textures intéressantes pour la création de planètes ainsi que des liens vers des formes de pinceaux.

NOTRE EXPERT
Jonathan Maurin *AKA Aeon-Lux est un artiste freelance de 29 ans qui évolue sur la Côte d'Azur. Autodidacte et touche à tout, il aime découvrir de nouvelles techniques pour enrichir sa palette de compétences. Vous pouvez retrouver ses créations sur http://aeon-lux.deviantart.com/.*

01 CHOISIR UN FORMAT PAYSAGE

Créez un nouveau document : Fichier> Nouveau (Ctrl/Cmd+N ou double clic sur l'environnement de Photoshop). Entrez une largeur de 1600 pixels sur 1200 en hauteur pour obtenir une image horizontale. L'objectif est de créer une image de paysage et le format pour un fond d'écran semble convenir pour ce type de projet. L'avantage de l'image horizontale est qu'elle apporte une certaine stabilité et qu'elle permet donc de développer une ambiance propre à un décor. Notre regard est porté vers le lointain et c'est l'effet recherché dans notre composition.

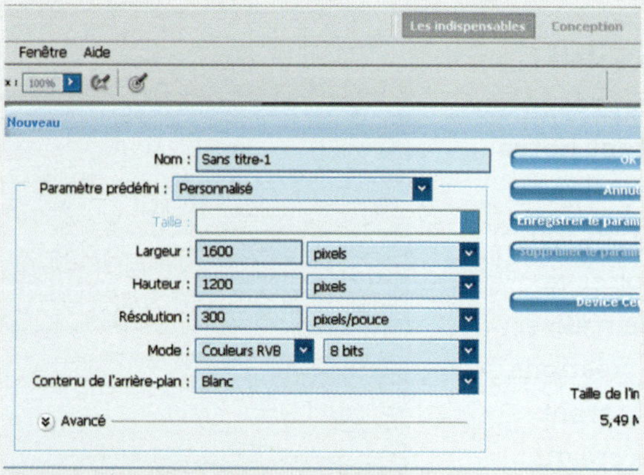

02 CRÉER UN CIEL CRÉPUSCULAIRE

Sur votre fond nouvellement créé, appliquez un dégradé. Pour cela, ouvrez l'outil Dégradé. Sélectionnez les étapes de départ et d'arrivée : choisissez un jaune pâle pour le début et un violet pour la fin. Créez une étape intermédiaire avec un orange pâle. N'hésitez pas à vous inspirer de réelles photos de couchers de soleil. Appliquez un Dégradé réfléchi à partir du milieu de l'image jusqu'en haut. Recommencez plusieurs fois jusqu'à obtenir le dégradé qui vous convient le mieux.

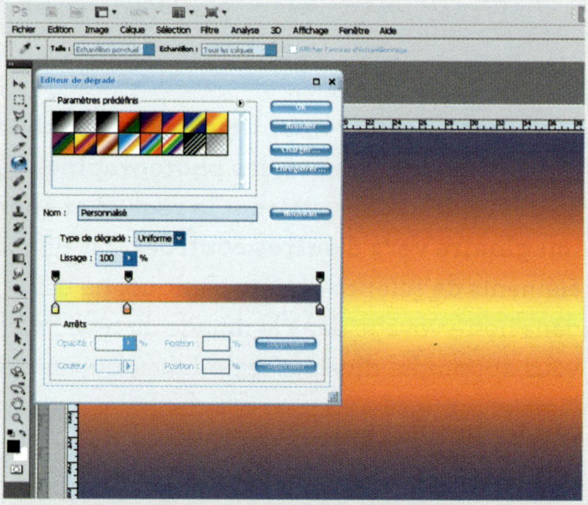

03 RETOUCHER LE CIEL

Il faut ensuite retoucher un peu le ciel. Étant donné que notre source lumineuse sera à droite, nous allons foncer légèrement la gauche de l'image. Pour cela, prenez le Pinceau et avec une forme grande, une Dureté de 0 % ainsi qu'une couleur correspondante à la couleur la plus foncée du dégradé, peignez le côté gauche de votre fond. Plus on s'éloigne de la source lumineuse, plus on fonce. N'hésitez pas à utiliser un Flou gaussien puissant si vous trouvez que les étapes de votre dégradé sont trop marquées.

04 LE SOLEIL

Sur un nouveau calque nommé "Soleil", nous allons créer cette fameuse étoile qui réchauffe l'atmosphère et qui permet la vie sur notre planète imaginaire. Prenez le Pinceau et avec une forme ronde de 80 pixels et avec une dureté à 100 %, dessinez un rond à l'emplacement du soleil.
La couleur doit être un jaune très pâle. Ensuite, dupliquez le calque et passez-le en mode de fusion Lumière vive. Si les bords sont trop nets à votre goût, prenez le calque "Soleil" et appliquez-lui un Flou gaussien de l'ordre de 8 à 9 pixels. Retravaillez le ciel en ajoutant des imperfections de temps en temps. Servez-vous notamment de l'outil Doigt. Rassemblez le tout dans un groupe nommé "ciel".

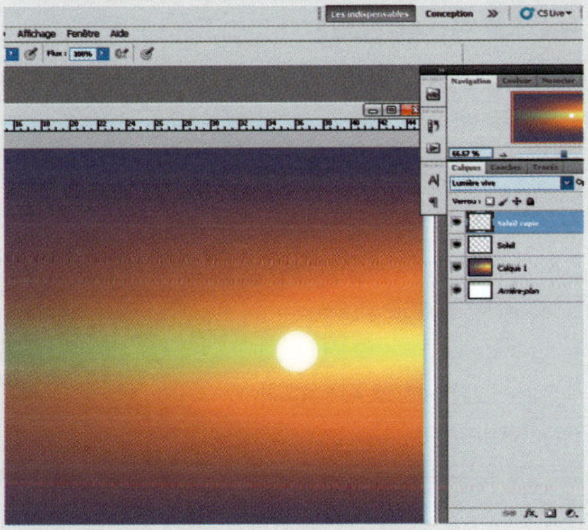

05 APRÈS LE CIEL, LA TERRE

Maintenant, nous allons donner un sol à notre paysage. Ouvrez l'image du champ de blé. Sélectionnez à l'aide de l'outil Rectangle de sélection la partie du sol. Faites ensuite un clic droit et Calque par copier. Une fois cela fait, faites glisser ce nouveau calque sur notre composition. Ajustez la dimension de l'image du champ à celle de notre composition. Évitez de placer la ligne d'horizon au centre de votre création. Ici, nous avons opté pour une ligne d'horizon placée légèrement vers le bas pour pouvoir développer plus la partie céleste. Le regard sera donc plus porté vers le ciel.

Palette de couleurs

Lors de toutes créations, n'hésitez pas à vous constituer un fichier avec des images qui vont vous inspirer. Par exemple, un ciel crépusculaire avec de somptueuses couleurs peut être enregistré même si la photographie n'est pas libre de droit. L'objectif est juste qu'elle vous serve de palette de couleurs pour votre propre création. Vous pouvez ainsi garder l'image téléchargée en fond et prendre à la Pipette les couleurs qui vous intéressent.

06 FABRIQUER L'HORIZON

Il nous faut effacer le surplus d'horizon de l'image du champ de blé. Pour cela, gommez les parties à effacer avec une forme ronde d'une dureté moyenne (50 %). Débordez légèrement pour bien effacer l'ancien ciel. Mais l'horizon n'est pas net. Pour corriger cela, créez un calque en dessous de celui du sol et avec le Pinceau Herbe nous allons finir le reste du champ. Choisissez des couleurs de premier et d'arrière-plan adéquates par rapport à la couleur des épis. Peignez ensuite cette ligne d'horizon faite d'épis de blé qui sont dans le lointain. Une fois terminé, fusionnez le calque du sol avec le calque contenant les épis peints.

07 MODIFIER LA LUMINOSITÉ

Nous allons développer une luminosité plus onirique. Pour cela, dupliquez le calque du sol que vous venez de créer et passez ce nouveau calque en mode de fusion Eclaicir avec une Opacité de 50 à 55 %. Si vous voulez des reflets plus brumeux, vous pouvez éventuellement appliquer un Flou gaussien à ce calque, d'environ 8 pixels. Cela dépend bien évidemment des goûts.

08 CRÉER UNE ATMOSPHÈRE NUAGEUSE

En dessous de ces calques composant le sol, créez un nouveau calque que vous nommerez "Nuages". Nous allons peindre des nuages qui seront notre transition entre la terre et les étoiles. Plusieurs options s'offrent alors. Les plus courageux peuvent peindre avec un Pinceau blanc à faible opacité les nuages. La seconde option, beaucoup moins fastidieuse, consiste à télécharger des formes de pinceaux prêtes à l'emploi. Vous trouverez des liens sur le CD.

09 AJOUTER UN ARBRE

Pourquoi un arbre, me direz-vous ? Tout simplement pour casser la monotonie de l'horizon et de notre composition. Un peu de verticalité va donner du dynamisme sans déstructurer l'idée de départ. Ouvrez l'image de l'arbre et détourez-le. Servez-vous pour cela de la Baguette magique. Une fois réalisé, faites glisser l'arbre détouré sur notre création comme dans l'exemple. Si les bords semblent trop durs, passez l'outil Goutte d'eau avec une Intensité de 50 %. Effacez également le bas du tronc en tentant de suivre quelques épis pour avoir une meilleure intégration.

10 INTÉGRER L'ARBRE

Désormais, il faut faire coïncider la luminosité de la scène avec celle de l'arbre nouvellement transféré. Pour cela, créez un calque par-dessus celui de l'arbre et passez-le en mode de fusion Lumière tamisée. Peignez ensuite les ombres avec un Pinceau à bord doux. La luminosité venant de la droite, les ombres présentent sur l'arbre doivent être à gauche. Réduisez l'opacité de ce calque pour que l'ombre ne soit pas trop forte, c'est un soleil de fin de journée tout de même !

11 AJOUTER UNE OMBRE PROJETÉE 1/2

Il faut créer une ombre à cet arbre, cela fait également partie de l'intégration. Pour produire l'ombre, il faut créer un nouveau calque et le placer en dessous du calque contenant l'arbre. L'ombre projetée doit en effet être dessous et non dessus. Ensuite, faites Ctrl/Cmd+clic gauche sur le calque contenant l'arbre pour récupérer la sélection de l'arbre. Puis sur le calque nouvellement créé, faites Edition> Remplir et choisissez-la couleur noire. Ensuite, opérez une symétrie verticale : Edition> Transformation> Symétrie axe vertical.

12 AJOUTER UNE OMBRE PROJETÉE 2/2

Placer l'ombre de manière naturelle. Servez-vous de l'outil Déplacement et cliquez tout en maintenant la touche Ctrl/Cmd pour étirer cette ombre. Pensez toujours que la lumière vient de la droite. Donc l'ombre doit s'étirer vers le bas mais aussi vers la gauche. Appliquez enfin un Flou gaussien à votre ombre pour qu'elle soit plus douce et baissez l'opacité de ce calque à envion 30 %.

13 CRÉER DES PLANÈTES

Les planètes ne sont pas difficiles à créer. Ouvrez une image de texture d'une assez haute qualité (minimum 2 500 pixels par 2 000). Il faut de la bonne qualité car nos transformations sont quelque peu destructives. Faites une sélection ronde avec l'outil Ellipse de sélection et la touche majuscule enfoncée. Faites un clic droit> Calque par copier. Sur ce nouveau calque, où seul un cercle est présent, faites Ctrl/Cmd+clic gauche pour récupérer la sélection et allez dans le menu Filtre> Déformation> Sphérisation. Appliquez une variable de 100 %. Si l'aspect de votre planète est trop plat, faites une autre Sphérisation.

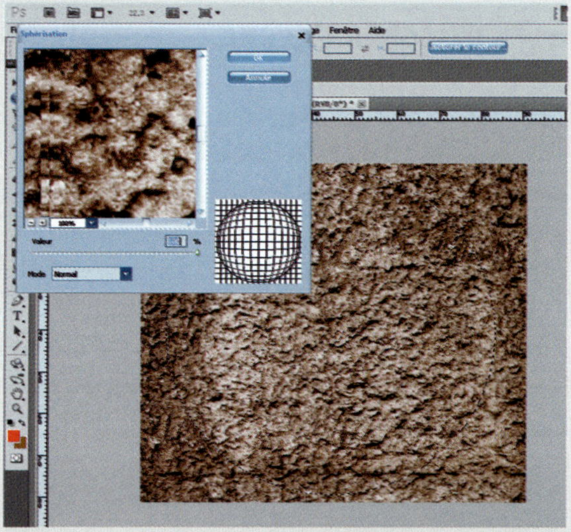

Utilisation des tutoriels

Les tutoriels sont une manne importante pour l'apprentissage du graphisme. Ils sont essentiels pour parfaire vos compétences. L'objectif n'est pas de simplement copier une création mais de vous montrer le processus de création des artistes. C'est à vous par la suite de faire ce cheminement, de vous servir des mêmes techniques mais pour vos créations personnelles. Puisez dans votre imagination...

« En réalité, nous allons nous servir de l'Ombre interne pour créer une lumière vive sur la face éclairée de notre planète. »

14 TRANSFÉRER ET INTÉGRER LA PLANÈTE

Faites glisser votre sphère vers notre création et placez-la sur la gauche pour équilibrer notre composition. Le calque contenant la sphère doit être placé dans la fenêtre des calques sous les nuages et le sol mais sur le calque du ciel. Placez directement votre calque dans un groupe que vous nommerez "planète". Faites Ctrl/Cmd+U sur votre calque et désaturez l'image pour que votre sphère soit en noir et blanc.

15 INTÉGRER GRÂCE AU STYLE DE CALQUE

Pour intégrer notre planète, nous allons ensuite lui appliquer un style de calque personnalisé. Faites un double clic sur le calque contenant votre sphère. Appliquez-lui tout d'abord un Dégradé. Les couleurs correspondent à celle du ciel, c'est-à-dire allant d'un orangé à droite vers un violet à gauche. Passez ce dégradé en mode de fusion Couleur. Ensuite, nous allons appliquer une Ombre interne. En réalité nous allons nous servir de l'Ombre interne pour créer une lumière vive sur la face éclairée de notre planète. Choisissez une couleur pale et passez le mode de fusion de Produit à Superposition. Mettez les valeurs suivantes : Opacité : 35 % ; Distance : 69 pixels ; Grossi : 0 % ; Taille : 133 pixels. Créez enfin un masque de fusion, sur le groupe de la planète et avec un Pinceau doux, effacez les parties qui doivent rester invisibles.

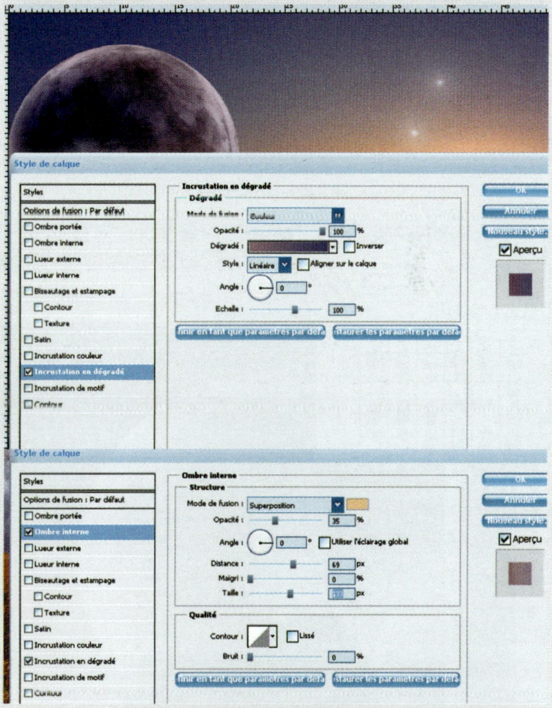

16 POSITIONNER UNE AUTRE PLANÈTE

Dupliquez le groupe de la première planète et réduisez-le. Placez-le plus en haut et au centre de l'image. Retravaillez le masque de fusion pour développer une forme de croissant. Baissez l'opacité de ce groupe aux alentours de 40 à 50 %.

Plus l'objet est éloigné, plus l'atmosphère le rend flou. Cela est valable pour tout objet dans une atmosphère. En gérant le flou et l'opacité, vous pouvez créer l'impression de profondeur et ainsi hiérarchiser dans l'espace en trois dimensions les objets composants votre création.

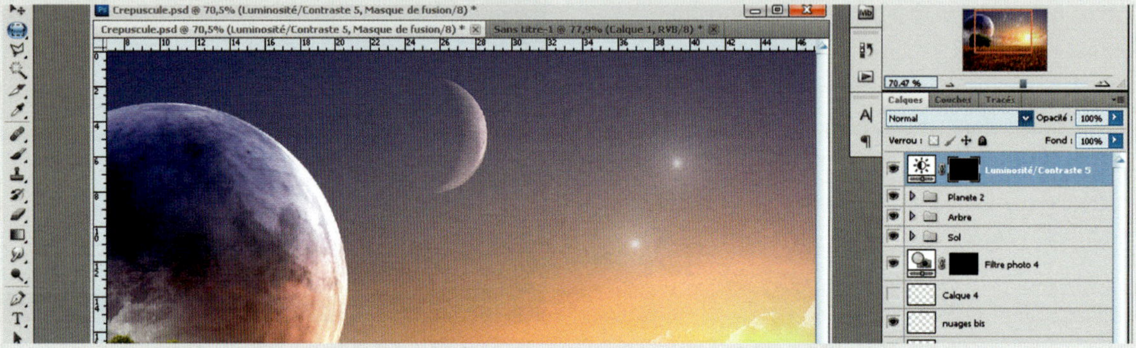

17 PARSEMER D'ÉTOILES

Nous allons créer des étoiles dans les parties sombres de notre ciel. Avec un Pinceau d'une opacité de 100 % et une dureté de 75 %, créez dans un nouveau calque des étoiles blanches.

Faites varier la taille du Pinceau. Une solution plus rapide consiste à trouver des formes de pinceaux reprenant la forme d'une voûte étoilée. Vous trouverez des liens sur le CD.

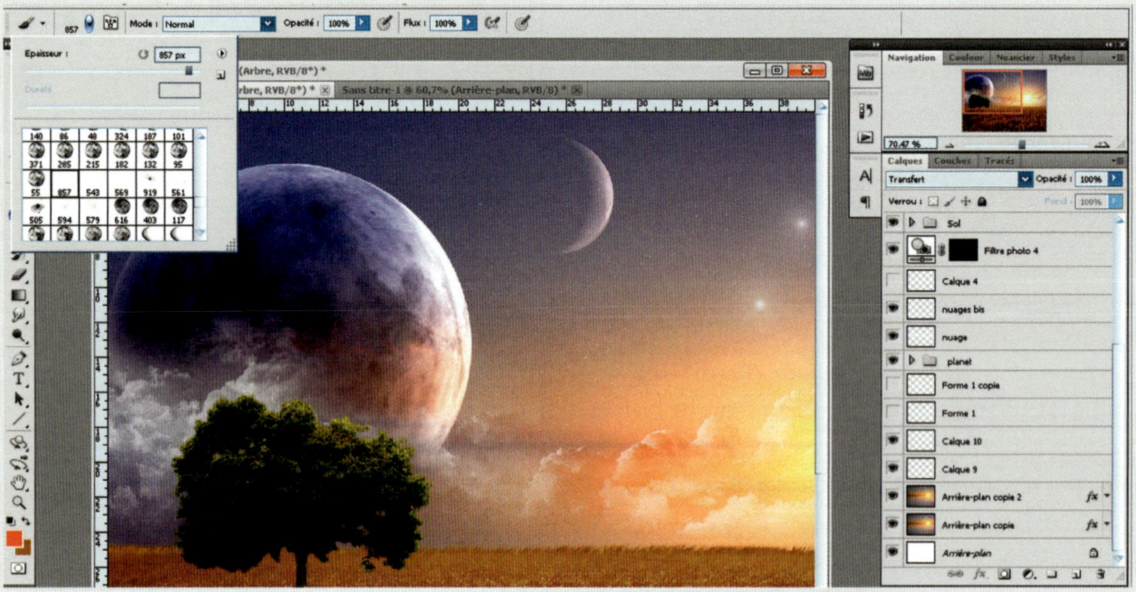

18 AJOUTER DES ÉTOILES FILANTES

Créez un Halo sur le calque d'arrière-plan avec Filtre> Rendu> Halo. Faites-en un d'une luminosité comprise entre 10 et 15 %. Placez-le sur la partie centrale de la composition. Une fois cela fait, prenez l'outil Trait. Dans le panneau supérieur entrez une épaisseur de 3 pixels. Faites un trait allant du halo vers la droite. Pixellisez la forme (clique droit sur la forme créée dans le panneau calque> pixelliser le calque) et passez ce calque e n mode Incrustation. Baissez l'opacité légèrement pour mieux intégrez la traînée.

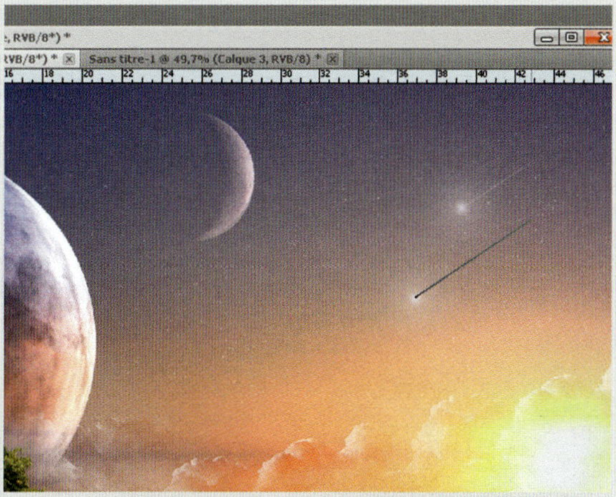

19 TEXTURER

En créant de telles scènes, on a parfois tendance à avoir des images trop nettes et trop lisses, nuisant à la crédibilité de la création. Pour donner une impression de réalité, comme s'il s'agissait d'une photo prise sur notre fameuse planète, vous pouvez ajouter un peu de bruit ou alors une texture sur l'ensemble de l'image. Cela permet en plus d'unifier tous les éléments composants notre création. En revanche, il faut baisser au maximum l'opacité de ces calques. Ils doivent être à peine perceptibles tout en donnant une ambiance.

NOTRE EXPERT Frédéric St-Arnaud

Frédéric St-Arnaud est un artiste en effets visuels de 14 ans d'expérience, mettant le focus principalement sur la peinture cache (matte painting ou matte art) de style photoréaliste, les extensions de décors numériques et la conception visuelle dans l'industrie de cinéma. Frédéric a contribué à ce jour à plus de 25 longs métrages, une douzaine de publicités télé et quelques téléséries. Sa filmographie inclus Indiana Jones et le Royaume du Crâne de Cristal, Terminator 4, Le Jour où la terre s'arrêtera, Course à la Mort, Babel, Silent Hill, Sin City, Capitaine Sky et Le monde de demain, Il était une fois au Mexique, Espion en Herbe 2 et 3 et La Boussole d'Or *qui a remporté l'oscar des meilleurs effets visuels 2008.*

Narration visuelle

Votre matte painting doit avant tout illustrer de façon efficace la narration choisie : il peut s'agir d'un scénario de film ou de jeu, d'un roman, ou tout simplement d'une vague idée d'univers que vous avez en tête. Dans tous les cas, vous devez faire des choix graphiques liés à "l'histoire" illustrée. Prenons l'exemple d'un château. Si votre histoire se déroule au Moyen Âge durant une bataille, celui-ci devra être massif et ne comporter que peu de détails. Si, au contraire, votre château doit illustrer la demeure d'une riche famille ou d'un roi, l'architecture devra refléter ce caractère plus raffiné, via la représentation d'ouvertures plus fines, de sculptures, de jardins, etc. Le meilleur moyen de faire vos choix visuels est de vous documenter sur l'architecture ou les paysages liés à un lieu ou à une époque donnée, puis de cibler vos références de cette manière. Dans le cas d'un matte painting totalement imaginaire, vous devrez tout de même rester cohérent dans la narration visuelle instaurée par les éléments représentés.

Comment réaliser un matte-painting de paysage à partir de plusieurs photos

Créez un joli paysage grâce au mélange de quelques photos.

Envie de créer un paysage onirique ? Vous pensiez prendre une jolie photo, mais ce jour-là le ciel était gris et vous aimeriez que plusieurs éléments figurent sur la même image alors que cela reste impossible dans la réalité ? Pas de problème, il vous suffit de sélectionner quelques photos de base et de les assembler, d'ajouter quelques filtres et une touche de peinture et le tour est joué ! Pour savoir comment, suivez ce tutoriel.

SUR LE CD : Vous trouverez sur le CD les photos de base en haute définition provenant du site fotolia.com et cgtextures.com ainsi que le fichier psd de la version terminée

NOTRE EXPERT
Laura Csajagi
est une jeune illustratrice romantique, spécialisée dans le fantasy et le merveilleux. Elle évolue sur divers projets à travers l'édition, la publicité et le jeu vidéo. N'hésitez pas à aller jeter un œil sur son site www.laurart.book.fr pour y découvrir son travail.

01 COMMENCER

Ouvrez les quatre photos de base dans Photoshop.

02 SÉLECTIONNER

Positionnez-vous sur celle représentant la falaise et la mer et commencez par augmenter la Saturation de l'image de +25 grâce à un calque de réglage (Ctrl/Cmd+U) puis activez le masque et détourez le ciel.

03 COPIER/COLLER

Positionnez-vous ensuite sur la photo du premier ciel. Sélectionnez tout puis copiez l'image (Ctrl/Cmd+C). Rendez-vous ensuite sur l'image avec la mer et collez le ciel dans la zone détourée en faisant Edition> Coller dedans (Ctrl/Cmd+V). Avec une Gomme floue, adoucissez les contours de la zone de raccords dans le masque.

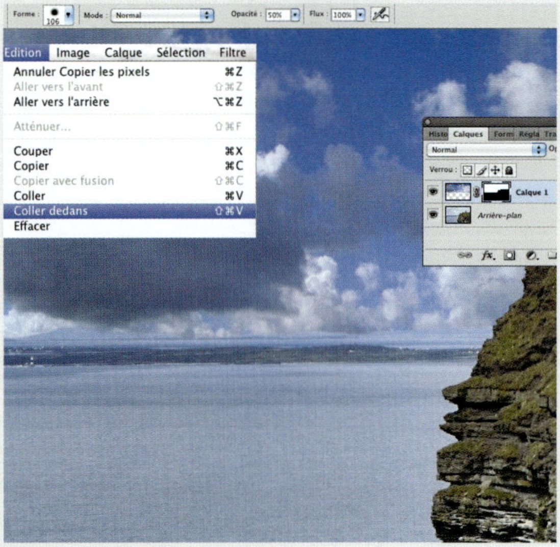

04 APPLIQUER DES RÉGLAGES

Baissez la saturation du calque ciel à -25 (Ctrl/Cmd+U) grâce à un calque de réglage et éclaircissez ensuite l'ensemble de l'image avec un calque Courbes (Ctrl/Cmd+M)

05 CRÉER UN SECOND CIEL

Sélectionnez à nouveau la zone du ciel. Pour cela, plus besoin de détourer, il suffit de faire Ctrl/Cmd+clic sur le masque associé au calque du premier ciel. Comme précédemment, venez vous placer sur l'image du ciel numéro 2, sélectionnez-le puis revenez le coller dans la sélection qui se trouve dans notre fichier de travail. Passez ensuite ce calque ciel 2 en mode Lumière crue avec une Opacité de 65 %.

07 INTÉGRER

Créez un masque d'écrêtage pour ce calque : après l'avoir collé, vous créerez un nouveau calque en dessous dont vous remplirez de blanc la zone correspondant au Mont-Saint-Michel. Faites un clic droit sur le calque du dessus et choisissez Créer un masque d'écrêtage. Seule la partie blanche apparaîtra alors, c'est-à-dire le Mont-Saint-Michel. Peindre les bords en flou permettra de mieux intégrer les deux images.

06 MONT-SAINT-MICHEL

Placez-vous sur l'image du Mont-Saint-Michel puis détourez-le avec un masque. Copiez-le et collez-le ensuite sur notre image.

Crédits photos :

- *Mont-Saint-Michel : Marina Ignatova*
- *Irish sea : Svenni*
- *Ciel 1 : cgtextures*
- *Ciel 2 : Patrick Lewis Lowenstein*

08 UTILISER L'OUTIL TAMPON

Créez un nouveau calque et grâce à l'outil Tampon, dupliquez de la végétation sur la falaise afin de mieux raccorder les deux images.

09 CRÉER UN EFFET DE BRUME 1/2

Ajoutez un calque avec 50 % d'opacité en Lumière tamisée et peignez avec du bleu clair sur la falaise et le château afin de créer un effet de brume.

10 UTILISER LES COURBES

Ajoutez un calque de réglage Courbes afin d'éclaircir le tout et de redynamiser le contraste.

11 CRÉER DES OMBRES 1/2

Ajoutez un calque de réglage Courbes pour foncer les côtés de l'image puis ajoutez un calque de réglage Niveaux pour créer des ombres un peu partout. Pour obtenir des nuances, peignez dans le masque de réglage avec un Pinceau d'une opacité moyenne.

Mode masque

Le mode masque permet de détourer de manière précise. Pour l'utiliser, il suffit de cliquer une fois sur l'icône du masque dans la barre d'outils puis de peindre ou d'effacer directement sur l'image. Tout ce qui est masqué devient rouge. En cliquant de nouveau sur cette icône, la sélection apparaît.

12 RAJOUTER DE LA LUMIÈRE

Comme la lumière vient de droite, ajoutez de la lumière avec un calque de réglage Courbes sur la droite.

13 CRÉER DES OMBRES 2/2

Si la lumière vient de droite, le côté gauche doit être moins éclairé. Rajoutez donc encore un calque de réglage Niveaux afin de baisser la luminosité là où il le faut et obtenir un effet de clair obscur.

14 CRÉER UN EFFET DE BRUME 2/2

Créez un nouveau calque et ajoutez un Dégradé de bleu à transparent en partant du bas vers le haut. Baissez ensuite ce calque à 10 % d'Opacité.

15 BLANC 1/2

Créez un nouveau calque et peignez en blanc derrière le Mont-Saint-Michel.

16 BLANC 2/2

Baissez ensuite l'Opacité de ce calque à 40% puis enregistrez votre image terminée.

L'ARTISTE
Gaétan Weltzer

aka Design Spartan, est un graphiste/Webdesigner de 20 ans. Passioné par l'image numérique, il est également illustrateur et blogeur sur le sujet. Aimant partager ses connaissances, il gère par ailleurs un site Web de tutoriels de qualité : www.livingtuts.com

Les masques de fusion

Les masques de fusion sont le principal outil qui vous permettra de lier diverses images entre elles, en fondant leurs bords d'une façon adaptée à vos attentes : abrupte, progressive, subtile ou très complexe. Tout est possible, puisque vous utilisez les outils de dessin ou peinture (et donc les formes personnalisées et leurs diverses options) et de sélection pour indiquer les zones masquées en noir et visibles en blanc, ou encore transparentes (toutes les variantes de gris de 1 % à 99 %). Pour créer un masque de fusion, allez dans le menu Calque>Masque de fusion> Tout faire apparaître (masque blanc, sur lequel vous devrez peindre en noir pour masquer) ou Tout masquer (masque noir, sur lequel vous peindrez en blanc pour faire réapparaître le contenu du calque). Vous pouvez aussi utiliser la petite icône en forme de rectangle noir avec un rond blanc à l'intérieur, en bas du panneau Calques.

PAYSAGE SF RÉALISTE

Apprenez à peindre un paysage fantastique.

Il est très intéressant de métamorphoser notre univers afin qu'il devienne fiction... Ajouter une note de fantastique en grossissant un élément rendra votre scène étonnante. L'observateur aura la sensation d'être sur notre planète, mais à une tout autre période, étrange et peu rassurante. Tout ceci grâce à la magie de l'imagination.

SUR LE CD : Le CD contient le croquis initial à partir duquel le matte painting a été réalisé. Les photos et les fichiers tif sont eux aussi intégrés.

NOTRE EXPERT

Létitia Pannunzio, alias TiaTia, est une artiste autodidacte vivant dans la région de Fontainebleau. Maquettiste en PAO de profession, elle aime s'évader dans des mondes imaginaires sortis tout droit de son imagination. Vous pouvez la contacter par e-mail : delacreation@yahoo.fr ou visiter son blog : delacreation.artblog.fr.

01 INTRODUCTION

Créez un document psd de 3543 px x 2861 px en 300 dpi. Créez votre nuancier et placez vos lignes de perspectives.

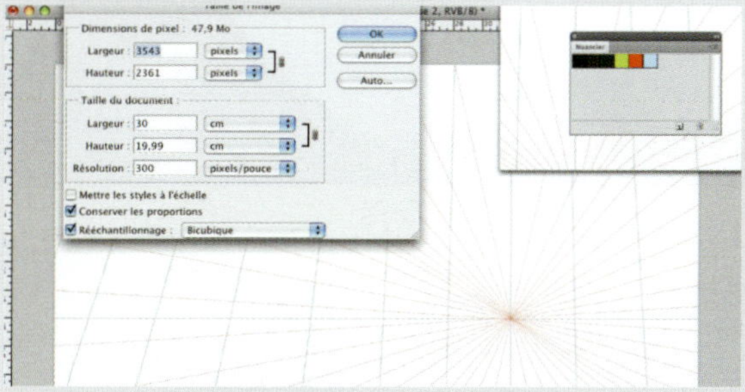

Nuancier

Pour votre nuancier, utilisez une photo de forêt, vous obtiendrez des nuances réelles. Ceci rendra votre création encore plus réaliste.

02 FAIRE LE CROQUIS

Cette étape est fondamentale à l'élaboration de votre projet. L'esquisse vous permettra de suivre les grandes lignes de votre peinture. Elle vous donnera aussi la possibilité d'identifier les éléments important de votre création. Utilisez le noir et blanc et procédez par petits coups de Pinceau afin de construire sans détails votre paysage. Le croquis doit être simple.

03 ÉLABORER VOS QUATRE PLANS

Intégrez un fond dégradé ciel et terre, ceci nous donnera la profondeur. Vous allez maintenant pouvoir appliquer des aplats de couleurs et donner de la profondeur à votre paysage. Appliquez un aplat différent pour les arbres et le chemin au premier plan, un aplat pour la plaine au second plan, un aplat pour le village au troisième plan et un dernier au quatrième plan pour le volcan. On voit apparaître les trois sujets principaux de ce tableau : le premier plan, le village et le volcan.

Organisation des calques

Structurez vos groupes de calque, car si vous les cumulez, votre organisation risque d'être difficile.

04 ALLER À LA CHASSE AUX PHOTOS

Pour ce matte painting, j'ai recherché mes photos sur Wikimedia Commons. Elles sont libres de droits selon la licence. Ouvrez la photo du tronc d'arbre. Choisissez votre outil de Sélection pour votre détourage. Comme vous allez utiliser à répétition ce détourage, floutez-en les extrémités. Ainsi la fusion des éléments entre eux se fera en douceur. Faites un glissé de votre visuel dans votre matte et construisez vos arbres grâce à ce visuel en imbriquant vos troncs. Passez vos troncs en mode Incrustation. Gommez ensuite tout ce qui est en dehors de vos arbres.

05 GÉRER LA LUMIÈRE

La source de lumière est l'élément clé de votre création. Elle donne la chaleur, l'ambiance et harmonise l'ensemble d'une création. Pour les effets lumineux et sombres, sélectionnez votre calque d'aplat et créez un masque de fusion. Utilisez une forme douce "standard". Vous verrez naître vos arbres au fur et à mesure.

06 AJOUTER LE CHEMIN

Le chemin est positionné en seconde place dans le premier plan. Il donne une profondeur à l'observateur. Ce dernier aura l'impression de sortir des bois et d'arriver à son objectif, de trouver une vie humaine en contrebas. Il permet aussi de donner l'échelle de cette partie. Pour cela, vous devez peindre vos différents reliefs et dessiner votre chemin.

08 APPORTER UN EFFET DE SÉCHERESSE

Votre chemin doit donner un effet de terre aride, causée par la chaleur volcanique. Les craquelures sont très significatives de la sécheresse. Vous avez trois possibilités pour réaliser cette phase : peindre, utiliser une forme de pinceau ou une texture. J'ai choisi la forme de pinceau. Vous pouvez télécharger la forme craquelure et l'adapter au sol. Travaillez votre chemin en fonction de vos ressources. Vous pouvez ajouter quelques petites touches de couleurs claires sur les bords des craquelures, ceci va intensifier les contrastes.

07 DONNER DU RÉALISME AU CHEMIN

Personnellement, j'apprécie l'utilisation de formes de pinceau pour affiner le travail. Vous pouvez faire de même en téléchargeant la forme hautes herbes que vous trouverez sur le CD. Le travail est simple et rapide. Mélangez les nuances, ainsi vous donnerez du volume à vos herbes bordants le chemin. N'oubliez pas d'où vient votre source de lumière. Pour donner plus de profondeur, j'ai ajouté de la fougère au pied des arbres.

Astuce

Travaillez sur deux calques pour créer de la lumière dans votre herbe : un pour l'herbe foncée et un autre pour l'herbe claire. Ainsi vous pourrez gommer pour donner vos reliefs.

09 RENDRE LE PREMIER PLAN PAISIBLE

Pour un rendu de bien-être, vous allez peindre des rochers, un coin d'eau et quelques petits champignons. Peignez ces éléments dans la zone à gauche, qui est lumineuse. Cela permettra de mettre en valeur ces éléments "vivants". Commençons par le rocher. Créez un bloc de couleur unie puis utilisez une forme douce pour travailler votre relief à la main grâce à un masque de fusion. Créez des fissures, de la mousse... L'outil Doigt est très utile dans cette étape. Laissez libre court à votre imagination, et encore une fois, n'oubliez pas votre source de lumière ! Créez aussi quelques blocs de roche qui donneront l'effet d'une terre rocheuse.

Astuce

Votre rocher principal doit épouser une forme peu ordinaire, pour avoir un côté fantasy.

10 CRÉER LES CHAMPIGNONS

Ils sont le symbole de vie, d'humidité et de moisissure. Je souhaitais faire un contraste entre le chemin aride et un environnement verdoyant et vivant. Que doit espérer notre observateur en pénétrant cette terre étrange ? Appliquez la même méthode que pour le rocher. Personnellement, je n'ai pas utilisé le masque de fusion. Si vous souhaitez intégrer des illustrations de champignons au lieu de peindre, vous pouvez, à vous de choisir.

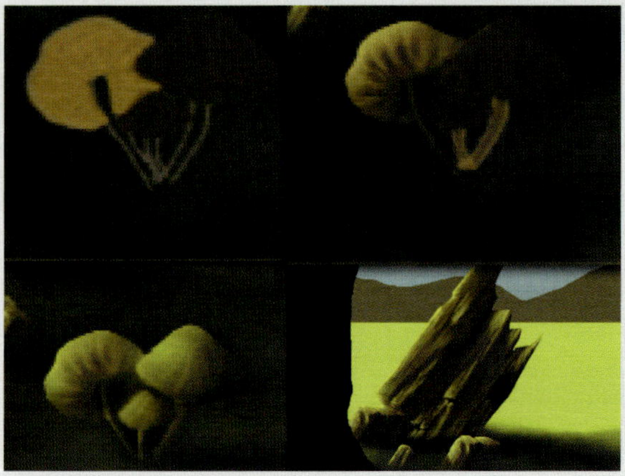

11 LAISSER LE VENT SOUFFLER

Les hautes herbes que vous allez intégrer permettront de voir qu'un léger vent souffle à la sortie des bois. Utilisez une forme de pinceau pour le détail de ce travail. J'ai choisi la forme 259 que j'ai adapté. Elle donnera du mouvement à cette partie très dégagée de la scène.

Astuce

Vous remarquerez que les fougères des bois sont statiques et que les herbes au niveau du chemin sont couchées. C'est ce choix qui rendra votre scène vivante et permettra à l'observateur de s'imprégner de l'ambiance.

12 PLACER UN PETIT COIN D'EAU

Un petit coin d'eau pour connoter la tranquillité du premier plan sera le bienvenu. Avec la forme 36 que vous adapterez, peignez avec votre nuance bleu clair. Créez des zones claires et verdoyantes. Utilisez l'outil Doigt pour estomper votre zone marécageuse. Pour plus de réalisme, dessinez des petites ondes dans l'eau, elle sera ainsi moins statique. Cette zone éclaircira votre premier plan grâce à la luminosité de l'eau.

13 ÉLOIGNER LA PLAINE VENTEUSE

Dans notre second plan, nous allons travailler la scène de façon à ce qu'il en ressorte une zone venteuse avec des dunes fantasy. Cette scène donnera aussi la continuité du chemin emprunté par l'observateur. Tracez votre chemin sur un calque différent pour le travailler séparément. Plus votre chemin sera étroit, plus vous donnerez l'impression que la plaine est éloignée.

14 CRÉER DES DUNES FANTASY

Dans un paysage fantasy, j'aime intégrer des éléments réels, façon "fantastique". Je veux dire par là que dans un dessin fantasy, tout est possible. C'est pour cela que j'ai dessiné des dunes pointues avec un effet rocheux et de surcroît verdoyantes. Utilisez une forme douce de 3 - 4 px pour dessiner les reliefs. Ensuite, utilisez l'outil Doigt pour estomper et mélanger les zones claires et sombres. Gardez en mémoire votre source de lumière. Laissez libre cours à votre créativité pour positionner vos dunes fantasy.

Astuce

Selon la version de Photoshop, CS4 par exemple, vous avez l'outil Rotation de l'image pour orienter votre image. La touche R est le raccourci clavier pour l'utiliser.

15 INSÉRER LE VILLAGE FANTASY

Dans notre troisième plan, l'implantation d'un village symbolisera la présence humaine, ou du moins d'une vie terrestre, ce qui est très important dans notre paysage. Attention à la taille accordée à notre village. Il doit suffisamment être mis en valeur, sans oublier notre inquiétant volcan du quatrième plan qui instaurera l'ambiance de la scène. Ce dernier ne devra cependant pas prendre totalement le dessus sur le village, car l'observateur devra s'y intéresser. J'ai souhaité peindre une barricade autour du village comme pour symboliser la protection et le côté futuriste. J'ai positionné le village en bord d'eau pour laisser supposer que les villageois s'alimentent en eau et en poissons. Pour réaliser le village, vous devez utiliser l'outil Ellipse de sélection pour la barricade. Ensuite, la forme 36 sera très bien pour tout le reste. Adaptez juste la taille de votre brosse aux différents détails que vous souhaitez mettre. J'ai aussi téléchargé une forme de pinceau pour dessiner les arbres que vous trouverez sur le CD. Dans cette étape, j'ai abandonné l'idée de réaliser deux villages car ils auraient été trop encombrants dans notre scène.

Astuce

Utilisez judicieusement la lumière. Même si votre sujet est dans l'ombre, soulignez sa forme et sa surface avec une nuance plus claire.

16 CRÉER LA PLAINE VILLAGEOISE

Vous allez travailler la plaine villageoise dans le même esprit que le second plan sauf que nous allons peindre des petits volcans pour une mise en bouche. Vous dessinerez un petit chemin quittant le principal pour rejoindre un petit volcan sur la droite. Ainsi l'œil se promènera à droite de la scène. Vous ferez pénétrer des ruissellements d'eau autour du village pour donner une impression de zone marécageuse. Ceci adoucira ce plan qui sera en total contraste avec le quatrième plan. Pendant l'élaboration de votre dessin, gardez toujours le même "coup de crayon". C'est une signature graphique qui peut choquer si vous changer votre façon de travailler... Mon style est l'étalement avec l'outil Doigt, et toujours dans le même sens. Nous pouvons appeler cela une signature artistique.

17 RÉALISER LES PETITS VOLCANS

Pour la réalisation des petits volcans, vous tracez vos croquis montagneux. Vous les remplissez ensuite d'une couleur unie que vous travaillerez avec des zones lumineuses et sombres via une forme standard type 36. Pour aller plus vite, vous dupliquerez votre calque et le positionnerez où bon vous semble pour créer plusieurs petits volcans. Avec l'outil de Transformation, vous pourrez soit leur donner une forme pointue, soit aplatie comme un dôme.

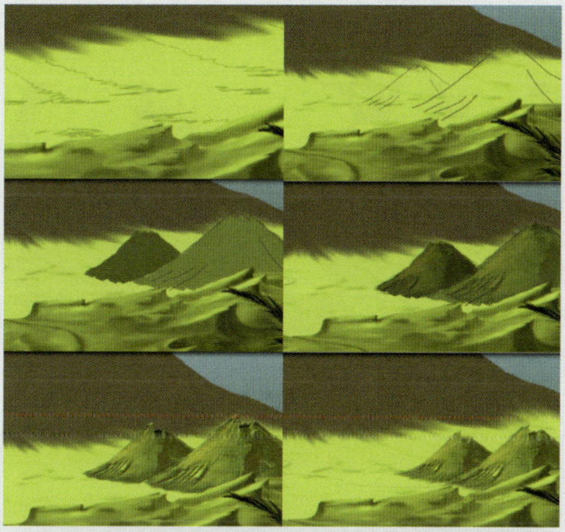

Astuce

Vous pouvez manipuler de vraies photos pour ces petits reliefs. Il restera juste à jouer avec la teinte et la saturation pour une bonne intégration.

18 TEXTURER LE SOL

Afin de donner l'impression que le sol est rocheux par rapport à la plaine verdoyante, vous allez texturer votre sol. Ouvrez votre texture préalablement téléchargée sur le site de brusheezy.com (voir le lien). Après avoir redimensionné l'image pour son intégration, faites-la glisser dans votre scène. Via l'outil de Transformation, vous adapterez votre texture à votre plaine villageoise. Réduisez l'opacité du calque à 60 % et gommez tout ce qui est en dehors de la plaine. Vous pouvez intégrer au second plan cette même texture, mais à 40 %, voire moins.

19 LE VOLCAN

Notre volcan : voici l'élément qui donnera l'ambiance générale de notre paysage fantasy. Sa taille sera surdimensionnée, il sera inquiétant par sa forme et sa couleur et pourtant inoffensif par son inactivité volcanique. L'observateur débarque sur une terre étrangement paisible et hostile à la fois. Récupérez la photo montagneuse, sélectionnez une partie seulement de cette photo. Détourez à l'aide de l'outil de votre choix pour supprimer le ciel. Avec l'outil Tampon, retirez les arbustes dépassant sur notre zone montagneuse.

20 TRANSFORMER LE VOLCAN

Une fois votre image redimensionnée et retouchée, faites-la glisser dans votre scène. Utilisez l'outil de Transformation pour adapter votre illustration à votre bloc montagneux. Passez votre calque en mode Incrustation et jouez avec la luminosité et la saturation.

21 PLACER LA COLLINE DE GAUCHE

Pour l'étendue de votre volcan vers la gauche, vous allez faire glisser une dernière fois votre détourage montagneux et récupérer la partie la plus à gauche pour la colline juste derrière votre tronc d'arbre. Gommez tout ce qui dépasse et placez votre calque en mode Incrustation.

22 ACCENTUER LES ARÊTES MONTAGNEUSES

Vous devez dans cette étape accentuer les arêtes de votre volcan. La profondeur des plis du volcan sera marquée. Vous devez travailler avec 3 ou 4 pixels au maximum. Utilisez ensuite l'outil Doigt pour adoucir les débuts et les fins de chaque arête.

23 AJUSTER LE CIEL

Le ciel doit être un peu chargé, comme s'il retenait les zones orageuses de fin de journée. Nous assistons en effet à un coucher de soleil d'une autre galaxie. L'ambiance est paisible mais lourde à la fois. Vous avez la possibilité de peindre les nuages ou de télécharger une forme de pinceau. J'ai choisi la forme pour sa rapidité (voir le lien). Dans votre ciel, il faut rappeler deux nuances du paysage : le bleu gris et le vert amande. Intégrez une troisième nuance qui sera le blanc, afin de donner de la légèreté. Créez un calque par couleur. Ainsi, vous pourrez gommer des zones sans altérer les autres nuances. Le fait de charger en bleu gris foncé derrière le volcan accentue son côté oppressant. Dans zone marécageuse de gauche, le ciel devra être un peu plus léger, comme en bord de mer. Mais, derrière la colline, vous pouvez charger de nouveau le bas du ciel. La colline bloque l'arrivée des nuages sur la plaine villageoise où le vent s'engouffre.

24 AJUSTER LE CIEL

Pour plus de légèreté, j'ai appliqué une forme pour dessiner des oiseaux en vols. Cette étape contribuera à la plénitude de votre paysage fantasy très réaliste. Les oiseaux sont des êtres vivants qui apportent la tranquillité et connotent un environnement sain. Dans notre scène, ils apportent un effet d'altitude. Astuce : lorsque vous réalisez votre matte painting, n'hésitez pas à faire des pauses dans la journée, voire laisser le projet mûrir une nuit. Vous aurez un regard différent le lendemain.

Astuce

Vous pouvez imprimer votre paysage et vous mettre face à un miroir. Vous verrez ainsi comme l'équilibre est important dans une création.

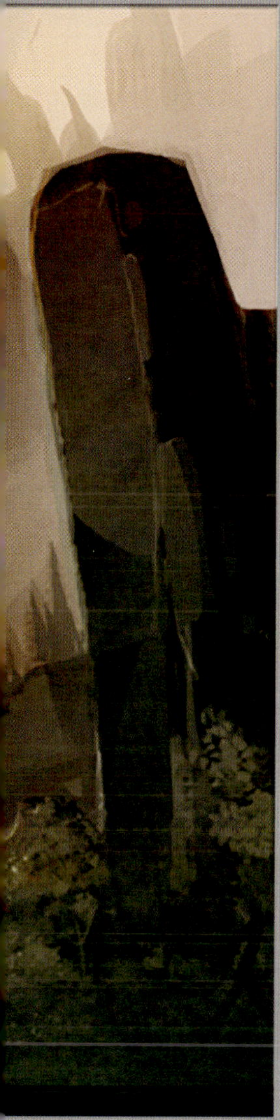

L'ARTISTE
Giuseppe Severino

Giuseppe Severino est un artiste polyvalent, travaillant pour plusieurs secteurs, prestant autant en mise en couleurs qu'en dessin, sous Photoshop et/ou Illustrator.
http://www.cartoonbox.be

Les croquis

Tout illustrateur ou peintre vous le dira : un petit croquis n'a jamais fait de mal à personne ! Un premier dessin peu travaillé, la plupart du temps en niveaux de gris, et réalisé en 30 minutes maximum peut réellement vous mettre en confiance et préparer le terrain pour la suite de votre travail. Ce sera l'occasion de résoudre les problèmes de composition, de cadrage, de valeurs, mais aussi de style (en faisant quelques études et croquis indépendants de vos architectures ou paysages) ou de couleurs (via l'ajout d'un calque en mode Incrustation sur lequel vous pourrez peindre grossièrement des ambiances colorées). Vous pourrez aussi, tout simplement, comparer plusieurs versions afin de faire votre choix final et de vous lancer dans un travail plus sérieux et prenant.

TREASON

Reproduire une scène de BD.

L'idée de faire cette création m'est venue en relisant l'album de Tintin : *On a marché sur la Lune*. Dans cette aventure, Tintin et ses compagnons explorent notre satellite à bord d'un char lunaire. Au moment de revenir vers leur fusée, celle-ci, aux mains du dangereux Colonel Boris, s'élève dans les airs, prête à abandonner les occupants du char à un funeste destin... C'est donc cette scène, transposée dans un futur lointain, et sur un astre qui l'est encore plus, que je vous propose de recréer. Nous utiliserons des techniques simples empruntées au space art ainsi qu'au matte painting (deux disciplines très semblables) pour créer une planète glacée et désolée, ses satellites, ainsi qu'une nébuleuse colorée. Nous travaillerons également l'intégration de rendus 3D, l'utilisation du filtre Nuages dans divers cas, ainsi que la création d'un paysage multiplan.

SUR LE CD : Vous trouverez sur le CD les liens qui vous permettront de télécharger les photos, certains éléments 3D, ainsi que les rendus.

NOTRE EXPERT
Lilian Bourgevin
est un freelance autodidacte de 32 ans, vivant à Draguignan. Sa passion pour Photoshop lui a permis d'ouvrir son propre studio indépendant il y a un peu plus d'un an. Travaillant avec de nombreux photographes et artisans de sa région, ses secteurs d'activité touchent autant l'infographie que la création de sites Internet. http://www.dragui-web.com

01 DÉTOURER

Commencez par détourer les fichiers qui nous serviront tout au long du projet : “booster”, “radar”, “rocket”, la photo de premier plan achetée sur fotolia.com (78 920, par Yves Fayolles) et celle téléchargée sur sxc.hu (1 154 084, par marmit). Utilisez la Baguette magique (W) pour les rendus 3D, et la Plume (P) pour les photos. Enregistrez chaque détourage au format .psd.

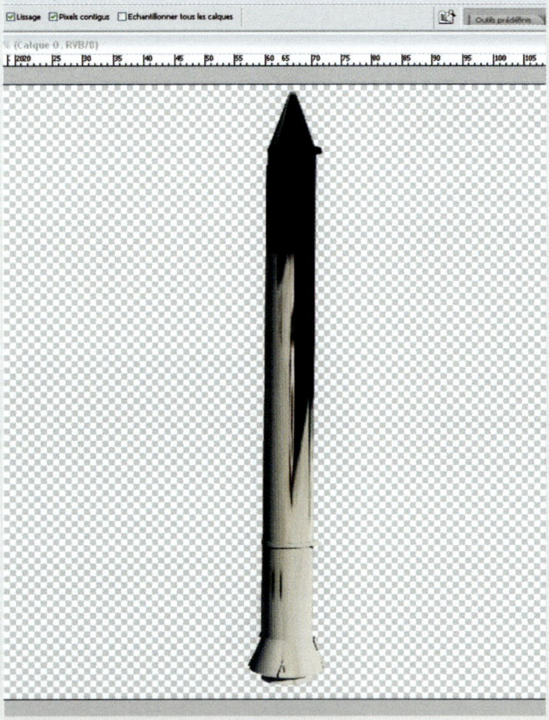

02 CRÉER UN NOUVEAU DOCUMENT

Créez un nouveau document, nommé “Treason”, de 3 000 pixels de large sur 1 909 pixels de haut, en résolution 300 dpi, sur un fond noir. Affichez les règles (Ctrl/Cmd+R) et placez de nouveaux repères selon la règle des tiers : Affichage> Nouveau repère. Entrez une valeur de 33 %, puis cliquez sur OK. Faites la manipulation encore une fois, mais avec une valeur de 66 %. Répétez le processus pour placer cette fois-ci les repères horizontaux. Ces repères serviront de guide pour placer chaque élément de façon équilibrée.

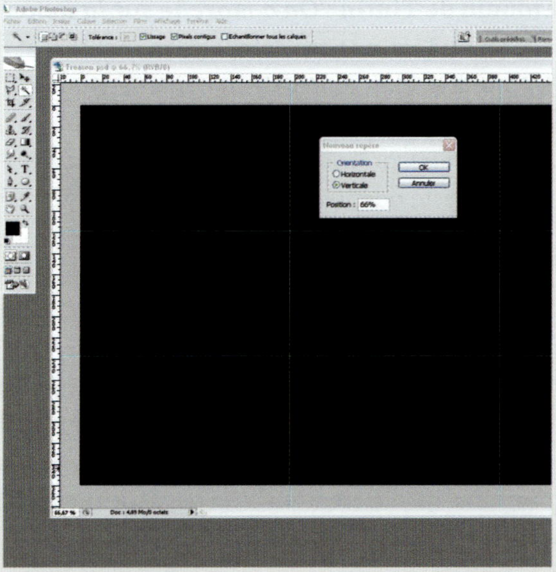

03 AJOUTER UN FOND ÉTOILÉ

Créez un calque “Etoiles”. Allez dans Filtre> Bruit> Ajout de bruit. Entrez une Quantité de 23 %, cochez Gaussienne et Monochromatique, puis validez. Allez dans Image> Réglages> Niveaux, et dans les Niveaux d’entrée appliquez ces réglages : 51 / 0,54 / 226.

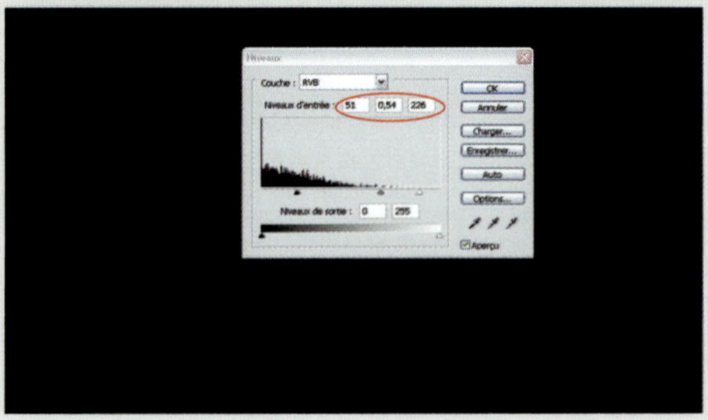

04 JOUER SUR LES NUANCES

Ajoutez un nouveau calque au-dessus du précédent, appuyez sur la touche D. Allez dans Filtre> Rendu> Nuages. De nouveau, allez dans Filtre> Rendu> mais choisissez Nuages par différence. Faites Ctrl/Cmd+F à dix reprises pour appliquer autant de fois l'effet au calque. Baissez son Opacité à 33 %. Ajoutez-lui un masque de fusion, et atténuez quelques zones avec un Pinceau (B) avec ces réglages : Taille 400 px, Rond et Doux, Opacité 27 %, Flux 40 %. Ajoutez un masque au calque "Etoiles", et procédez de la même façon pour faire varier la densité d'étoiles.

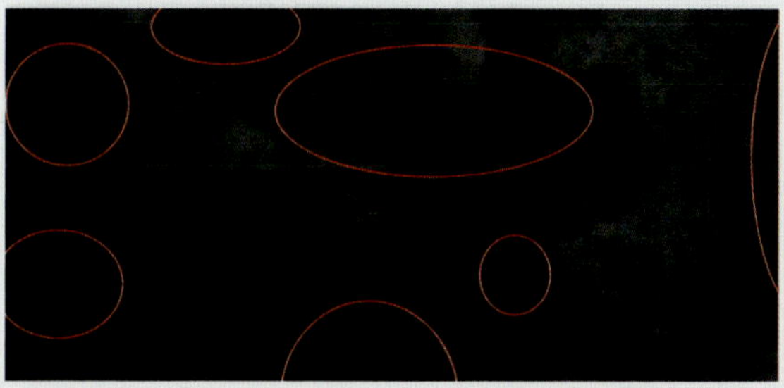

05 CRÉER UN PREMIER PLAN

Importez le détourage de la photo achetée sur fotolia.com (6 378 920). Celle-ci devra faire toute la largeur de la composition, et les sommets de montagne les plus hauts s'arrêteront à mi-hauteur. Dupliquez le calque, et changez le mode de fusion de la copie pour Densité linéaire +. Fusionnez les deux calques et nommez le nouveau calque obtenu "Premier plan".

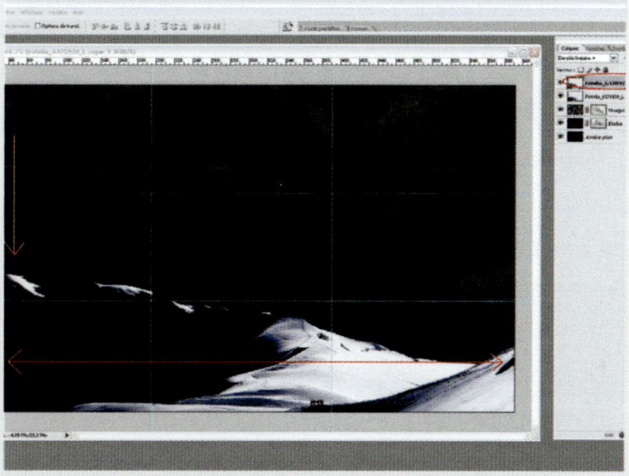

06 DONNER DE LA PROFONDEUR AU PREMIER PLAN

Importez le .psd de la photo téléchargée sur sxc.hu (1 154 084). Réduisez sa taille et aplatissez-la légèrement. Nommez le calque "Premier plan2". Les objets se trouvant au loin dans un paysage semblent toujours être moins nets et plus pâles. Pour simuler cet effet, allez dans Filtre> Atténuation> Flou gaussien, et entrez un Rayon de 0,5 px, puis réglez les Niveaux de sortie sur 20/255 dans Image> Réglages> Niveaux.

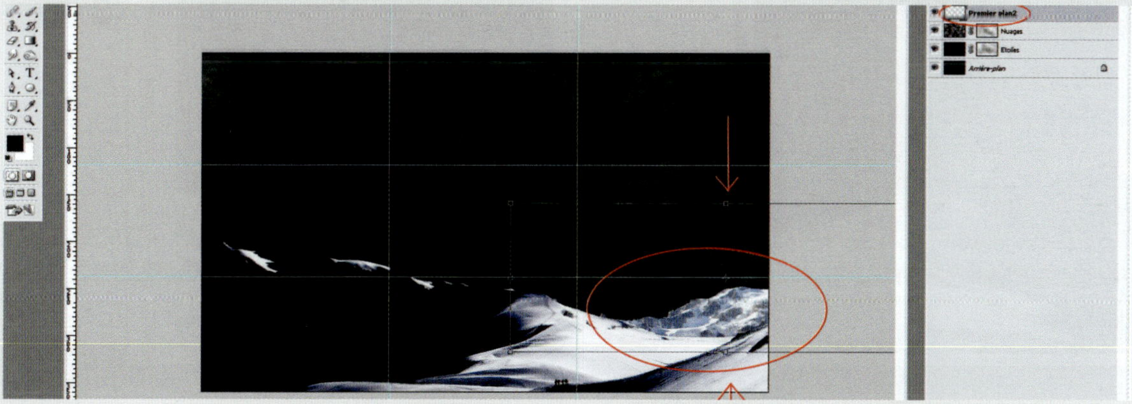

07 AJOUTER UNE TEMPÊTE DE NEIGE

Créez un nouveau calque (Ctrl/Cmd+Maj+N) nommé “Tempête” entre les calques “Premier plan” et “Premier plan2”. Avec un Pinceau (B) blanc de 153 px, d’une Opacité de 51 %, et avec un Flux de 79 %, peignez un halo blanc le long des sommets montagneux. Allez dans Filtre> Atténuation> Flou directionnel, et entrez un Angle de -59°, et une Distance de 124 px.

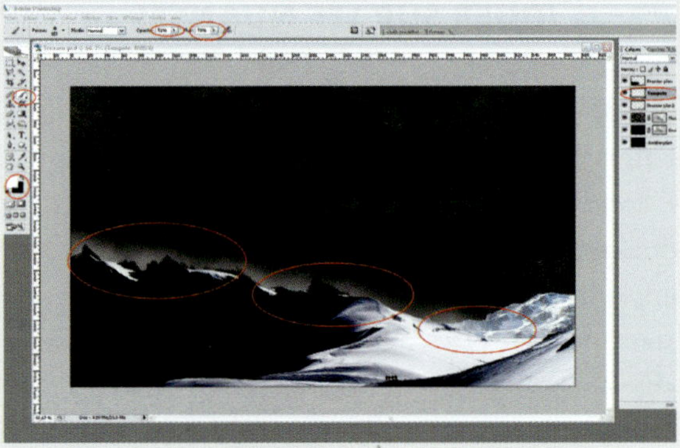

08 DÉTAILLER LE NUAGE

Créez un nouveau calque (Ctrl/Cmd+Maj+N) au-dessus du calque “Tempête”, cochez Créer un masque d’écrêtage d’après le calque précédent, et nommez-le “Texture tempête”. Appuyez sur la touche D, allez dans Filtre> Rendu> Nuages, puis baissez l’Opacité du calque à 21 %. Sélectionnez le calque “Premier plan”, et avec l’outil Goutte d’eau (R) de 15 px et d’une Intensité 40 %, floutez le sommet des montagnes.

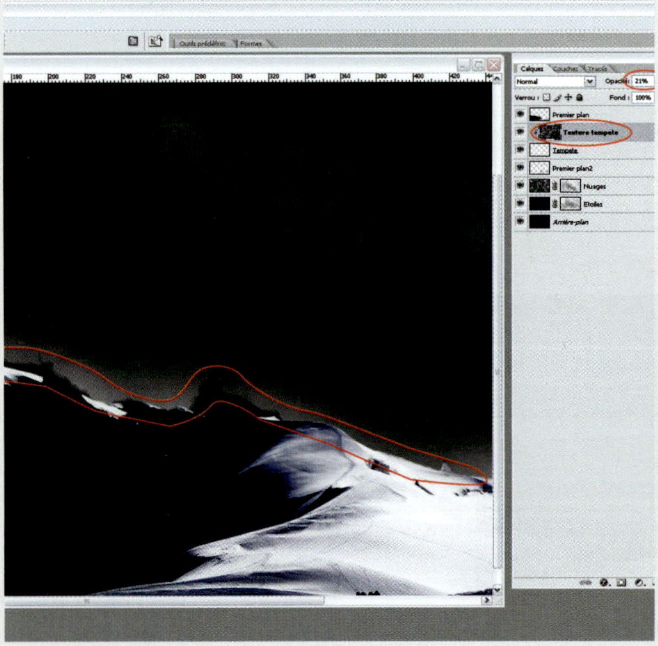

09 AJOUTER DE LA COULEUR

Créez un calque “Couleur tempête” sous le calque “Premier plan”. Prenez l’outil Dégradé (G), puis dans l’Editeur de dégradé, choisissez Premier plan-> Transparent, dans les Paramètres prédéfinis. Dans le sélecteur de couleur, entrez un bleu (#56A1FE par exemple) en couleur de premier plan. Tracez ensuite votre dégradé en partant du bas de l’image vers le haut. Changez le mode de fusion du calque pour Lumière tamisée, et baissez son Opacité à 42 %.

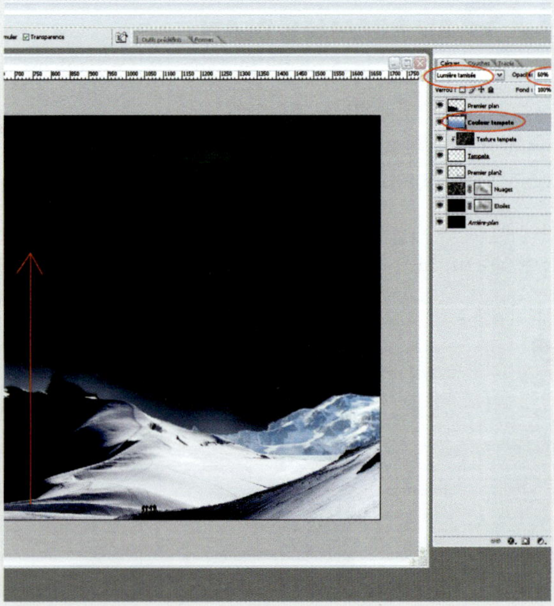

10 DENSIFIER LA TEMPÊTE

En utilisant la même méthode que précédement, augmentez la densité du nuage de neige dans l'angle inférieur droit. N'hésitez pas à vous servir du filtre Nuages, jouez avec l'opacité des calques, les modes de fusion, permutez leur position, ajoutez des touches de bleu, etc.

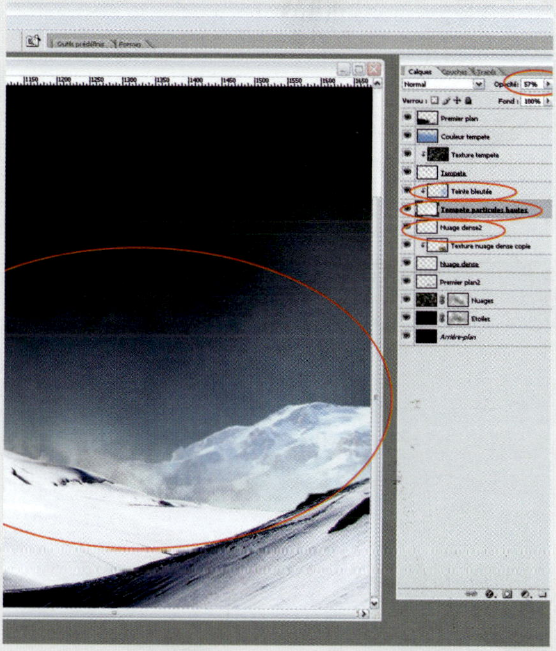

11 EUH…, HOUSTON ?

Créez un groupe "Aire de lancement" au-dessous du calque "Tempête" et importez le radar, la fusée et les boosters. Placez-les dans la scène. Corrigez l'exposition de chaque objet, et détériorez-les en ajoutant des ombres avec l'outil Densité +. Sélectionnez le calque de la fusée et allez dans Filtre> Atténuation> Flou directionnel. Entrez les valeurs suivantes : Angle 90° et Distance 2 px. Puis dans Calque> Nouveau calque de réglage> Luminosité/Contraste, cochez Créer un masque d'écrêtage d'après le calque précédent, et baissez le contraste à -43. Appliquez le réglage au radar et aux boosters.

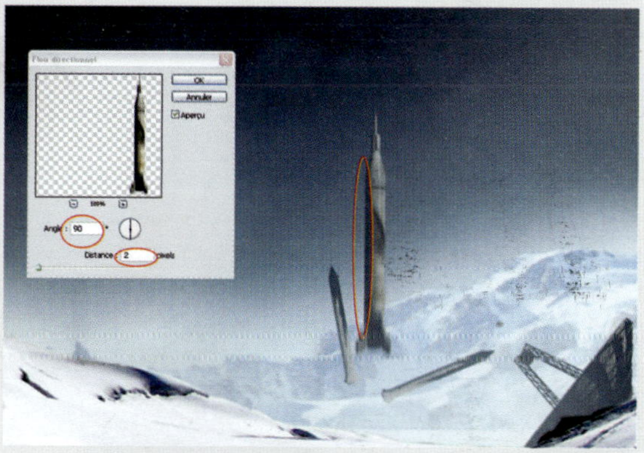

12 …ON A UN PROBLÈME !

Sur un nouveau calque, au-dessus du calque "Fusée", peignez les flammes dues au décollage. Prenez un Pinceau (B) avec ces paramètres : Taille 67 px, Flux 91 %, Couleur #F62424. Dessinez un trait rouge vertical sous la fusée. Réduisez la Taille du Pinceau (B) à 50 px, et passez la Couleur à #FAF82D. Peignez un autre trait vertical (moins large) par-dessus le précédent. Modifiez encore une fois la Taille à 27 px, choisissez la couleur #F9FAD4 et ajoutez un dernier trait vertical. Enfin, avec l'outil Doigt (R), déformez la colonne de feu pour lui donner plus de dynamisme.

13 FUMÉE DU DÉCOLLAGE 1/2

Sur un calque sous celui des flammes, peignez un trait blanc avec un Pinceau (B) de 60 px, avec un Flux de 90 % et partant du radar, suivant la crête de la montagne et s'arrêtant à l'aplomb du premier personnage. Créez un calque nommé "Texture fumée décollage" au-dessus de celui que vous venez de créer (Ctrl/Cmd+Maj+N), cochez Créer un masque d'écrêtage d'après le calque précédent. Appuyez sur la touche D, allez dans Filtre> Rendu> Nuages. Puis, allez dans Filtre> Rendu> Nuages par différence, et faites Ctrl/Cmd+F quatre fois.

14 FUMÉE DU DÉCOLLAGE 2/2

Faites Ctrl/Cmd+T et réduisez la taille du calque "Texture fumée décollage" pour ajouter plus de détails. Réglez l'intensité de la fumée en faisant varier l'opacité de la texture. Vous pouvez ajouter quelques pointes de rouge avec un Pinceau (B) de faible opacité afin de suggérer les zones où les gaz sont surchauffés. Enfin, ajustez le contraste avec un calque de réglage Luminosité/Contraste (la fusée se trouvant derrière la montagne, la fumée s'en dégageant sera donc moins contrastée que les objets du premier plan).

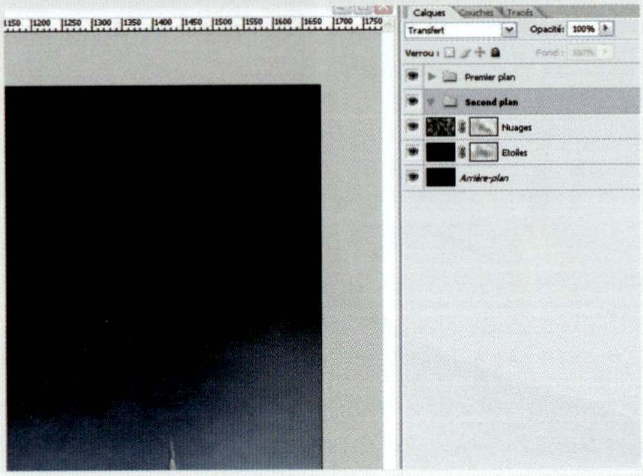

15 S'ORGANISER

Maintenant que notre premier plan est terminé, nous allons pouvoir nous consacrer au reste de la composition. Mais avant toute chose, regroupez tous les calques (à l'exception des calques "Etoiles" et "Nuages") dans un groupe de calques nommé "Premier plan". Puis, ajoutez un nouveau groupe sous le précédent, et appelez-le "Second plan". Notre panneau des calques est maintenant bien plus clair.

16 MONDES GLACÉS…

Ajoutez un calque "Fond planète". Avec l'outil Ellipse de sélection (M), tracez un cercle parfait faisant la quasi totalité de la hauteur de la composition. Remplissez-le de blanc. Double-cliquez sur le calque pour faire apparaître la fenêtre Style de calque. Cochez Incrustation couleur, Mode de fusion : Normal, Couleur : blanc, Opacité : 18 %. Cochez ensuite Incrustation en dégradé, Mode de fusion : Normal, Opacité : 100 %, Dégradé linéaire, Angle : -29°, Echelle : 50 %.

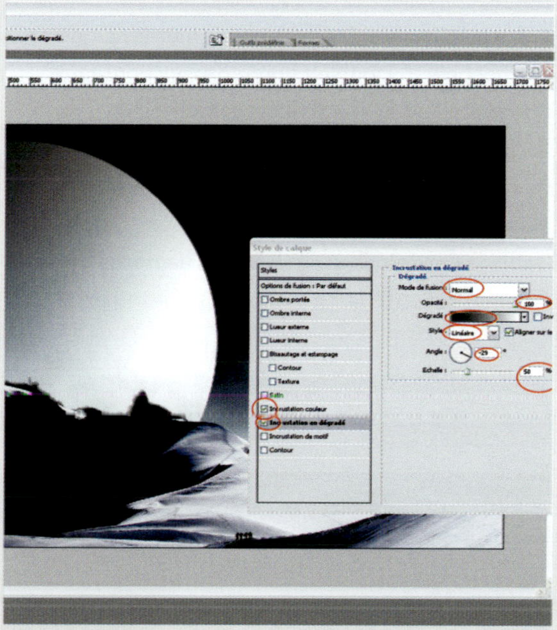

17 CRÉER LE SOL, AVEC DES NUAGES…

Ajoutez un calque "Nuances sol" au-dessus du fond de la planète. Allez dans Filtre> Rendu> Nuages, puis dans Filtre> Rendu> Nuages par différence (appliquez l'effet un dizaine de fois). Faites Ctrl/Cmd+clic dans la vignette du calque "Fond planète" pour en récupérer la sélection. Allez dans Filtre> Déformation> Sphérisation, et choisissez une Valeur de 100 %, et validez. Inversez la sélection (Ctrl/Cmd+Maj+I) et pressez la touche Suppr. Changez le mode de fusion du calque pour Incrustation et baissez son Opacité à 53 %.

18 AJOUTER UNE TEXTURE

Importez la texture "MetaleBare" téléchargée sur le site [CG Textures], au-dessus du calque "Nuances sol". Pixellisez le calque, récupérez la sélection du calque "Fond planète". Allez dans Filtre> Déformation> Sphérisation, et choisissez une Valeur de 100 %. Inversez la sélection et supprimez le reste de la texture. Changez le mode de fusion du calque pour Produit.

19 AJOUTER DE VRAIS NUAGES DANS LE CIEL

Importez la photo "Fair_clouds" au-dessus du calque "MetalBare". Pendant l'importation, agrandissez l'image afin d'avoir plus de détails dans les nuages. Appliquez-lui un filtre Sphérisation comme dans les deux étapes précédentes et supprimez les nuages en trop. Changez le mode de fusion du calque pour Superposition.

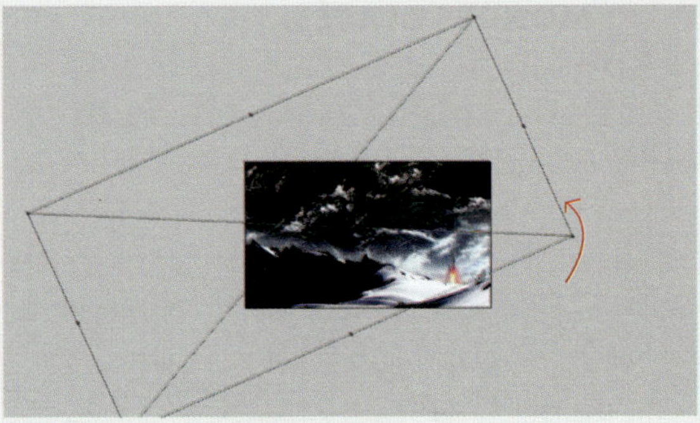

20 OMBRER

Nous allons donner plus de relief à la planète en ajoutant une ombre sur sa partie gauche, ce qui aura pour effet d'accentuer son volume. Ajoutez un calque "Ombre" au-dessus du calque "Fair_clouds". Récupérez la sélection du calque "Fond planète", et avec l'outil Dégradé linéaire (G), Couleur de Premier plan noir et Arrière-plan transparent, créez une ombre partant en haut à gauche du cercle, jusqu'en bas à droite.

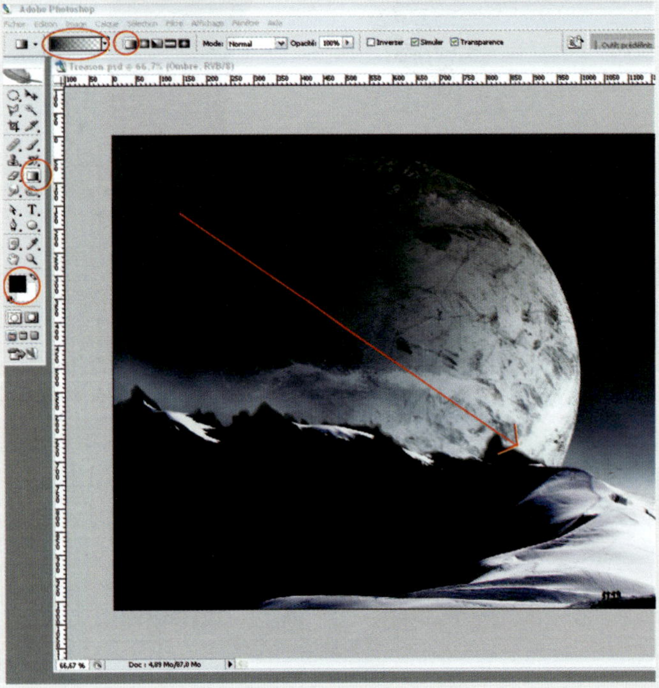

21 ATMOSPHÈRE 1/3

Dupliquez le calque "Fond planète", placez la copie sous l'originale, et renommez le calque "Atmosphère". Double-cliquez dessus pour faire apparaître la fenêtre Style de calque. Décochez les anciens styles, et cochez Ombre portée, Mode de fusion : Normal, Opacité : 100 %, Couleur : #1AAEFB, Angle : 120°, Distance : 0 px, Grossi : 13 %, Taille : 65 px. Cochez également Lueur externe, Couleur : #659EFD, Grossi : 4 %, Taille : 18 px.

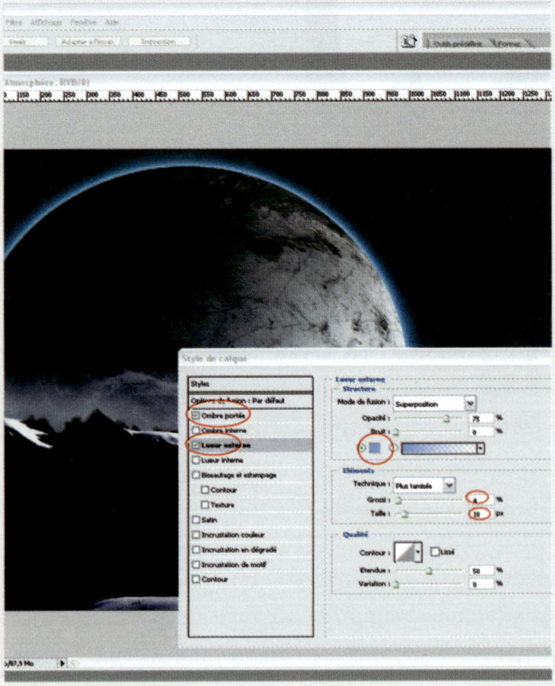

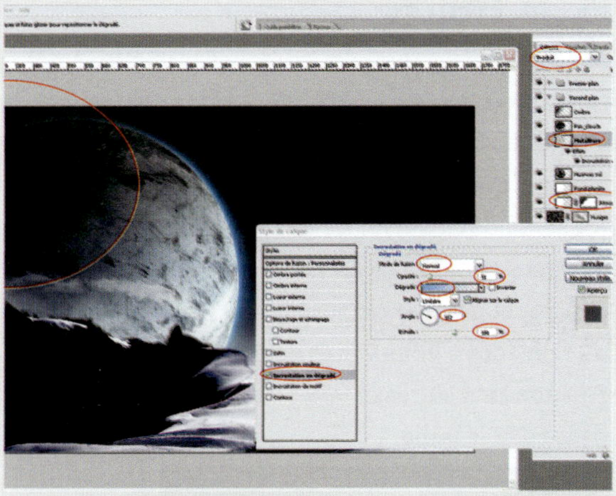

22 ATMOSPHÈRE 2/3

Faites un clic droit sur le calque "Atmosphère", choisissez Nouvel objet dynamique par Copier, puis pixellisez le calque. Associez-lui un masque de fusion. Avec un Pinceau (B) de Taille 578 px, d'Opacité 54 %, avec un Flux de 75 % et de couleur noire, peignez sur le masque pour supprimer le halo du côté gauche de la planète. Modifiez le Style du calque "MetalBare" : cochez Incrustation en dégradé, Mode de fusion : Normal, Opacité : 15 %, Dégradé : #5BAFFD au Premier plan, et transparent en Arrière-plan, Angle : 152°.

23 ATMOSPHÈRE 3/3

Enfin, ajoutez un nouveau calque nommé "Atmosphère2", sous le calque "Atmosphère". Avec un Pinceau (B) de 723 px, d'Opacité 54 %, avec un Flux de 75%, et avec la couleur #7DBFFD, appliquez une légère zone bleutée sur le limbe de la planète et au-dessus de l'aire de lancement pour simuler les particules de glace en suspension. Allez dans Filtre> Atténuation> Flou directionnel, entrez Angle : 39°, Distance : 713 px. Ajustez l'opacité du calque pour diminuer ou accentuer l'effet.

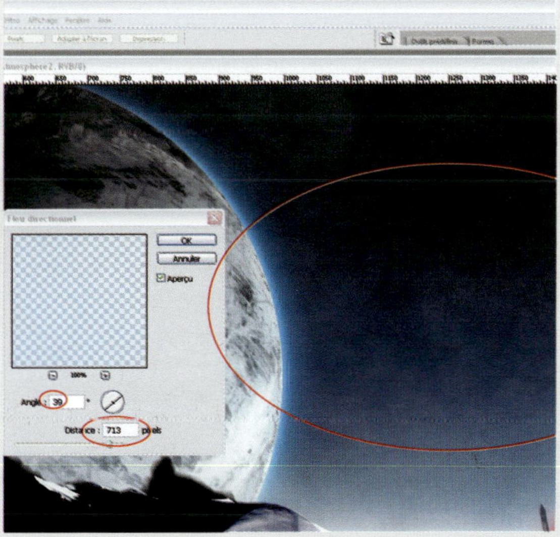

24 ASTÉROÏDE

Importez le fichier "Rock" au-dessus des calques formant la planète. Réduisez sa taille et orientez-le de façon à ce que sa lumière corresponde avec l'éclairage de la planète. Allez dans Calque> Nouveau calque de réglage> Niveaux, cochez Créer un masque d'écrêtage d'après le calque précédent. Dans Niveaux d'entrée, inscrivez : 32 / 1,70 / 208. Avec l'outil Densité +, Gamme : Tons clairs, Exposition : 33 %, accentuez les ombres de l'astéroïde.

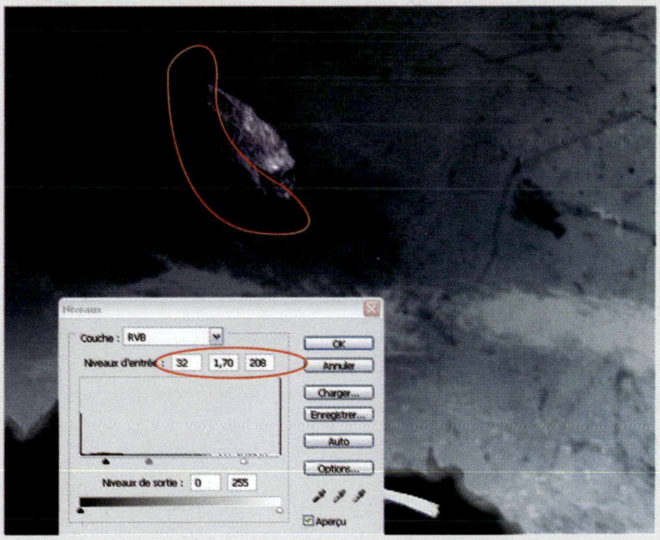

25 LUNE NOIRE

Avec les mêmes techniques que celles qui ont servi pour la réalisation de la planète principale, créez une planète supplémentaire (en réutilisant la texture MetalBare et en inversant ses couleurs par exemple) plus petite, plus sombre et sans atmosphère. Pour ajouter une lueur sur le limbe, créez un calque sous ceux de la planète. Avec un Pinceau (B) de petite taille à bord doux, peignez un point blanc. Puis, avec l'outil Doigt (R), étalez le point en suivant la courbure de la planète.

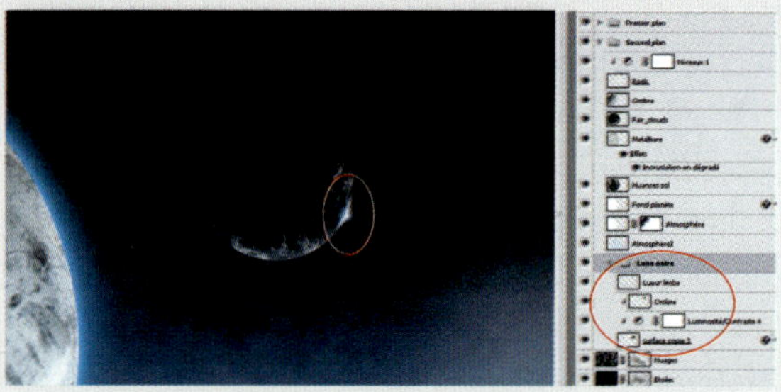

26 ÉTOILES

Ajoutons quelques étoiles brillantes à notre fond. Créez un groupe "Etoiles". Dans celui-ci, ajoutez un calque "Etoile1". Avec un Pinceau (B) de 20 px et avec la couleur #E84EFF, peignez un point (ce sera notre couleur de fond). Diminuez la taille du Pinceau (B) à 14 px, choisissez le blanc comme couleur et peignez un autre point juste au-dessus du précédent. Vous venez de créer une étoile ! Ajoutez-en d'autres et faites varier la couleur de fond et la taille.

27 NÉBULEUSES

Créez un groupe "Nébuleuses" sous le groupe "Etoiles", et ajoutez-y un nouveau calque nommé "Couleurs". Au-dessus de celui-ci, créez un calque "Poussières" que vous placerez en écrêtage par rapport au précédent. Appliquez-lui un filtre Nuages, faites Ctrl/Cmd+T et diminuez sa taille aux deux tiers pour augmenter les détails du nuage de poussière. Changez son mode de fusion pour Densité linéaire +. Avec un Pinceau (B) de taille variable, peignez avec les teintes de votre choix sur le calque "Couleurs".

28 OMBRE...

Installez et chargez la forme "Clouds" fournie sur le CD. Créez un calque "Masses sombres" au-dessus des calques "Couleurs" et "Poussières". Avec le Pinceau (B), la forme Clouds, de 540 px et noire, peignez des zones de poussière opaques, afin de donner de la profondeur à la nébuleuse. Peignez de façon aléatoire et faites en sorte que le motif de la forme ne se répète pas trop.

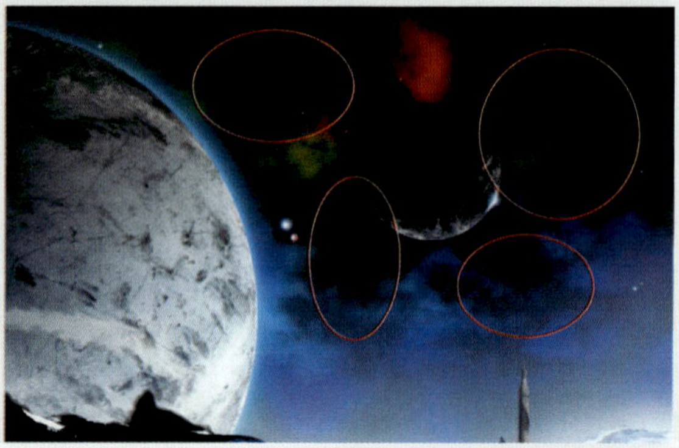

29 ...ET LUMIÈRE

Ajoutez un calque "Masses lumineuses" sous le calque "Masses sombres". Sélectionnez un outil Pinceau (B) de 140 px, avec la couleur F3FC91, et une Opacité de 25 %, et ajoutez des touches claires sous la plupart des zones sombres que vous avez peintes à l'étape précédente. Ainsi, nos masses sombres se détachent plus du fond coloré et le résultat a bien plus de profondeur.

30 DÉFINIR LES CONTOURS

Nous allons maintenant définir les contours de la nébuleuse. Pour ce faire, sélectionnez le calque "Couleurs" et ajoutez-lui un masque de fusion. Prenez un outil Pinceau (B) de 500 px, la forme Clouds, une Opacité de 25 %, et la couleur noire. Peignez sur le masque afin de supprimer une partie des contours de la nébuleuse et de faire apparaître quelques étoiles du fond. N'hésitez pas non plus à atténuer les zones qui vous sembleraient trop colorées.

31 RÉGLAGES FINAUX

Enregistrez votre travail au format jpeg, et ouvrez-le dans Photoshop. Dupliquez l'unique calque et changez le mode de fusion de la copie pour Lumière crue. Allez dans Filtre> Divers> Passe-haut, Rayon 5 px. Baissez l'Opacité du calque à 40 %. Ajoutez-lui un masque de fusion. Avec un Pinceau (B) de couleur noire, peignez sur le masque de façon à ne pas appliquer l'effet sur les étoiles du fond (celles-ci doivent rester discrètes). Enfin, ajustez les Niveaux et les Courbes à votre convenance avec des calques de réglage.

GIUSEPPE SEVERINO - 11

L'ARTISTE
Giuseppe Severino

Giuseppe Severino est un artiste polyvalent, travaillant pour plusieurs secteurs, prestant autant en mise en couleurs qu'en dessin, sous Photoshop et/ou Illustrator.
http://www.cartoonbox.be

Les textures leur répartition

L'utilisation de textures peintes ou photographiques joue un grand rôle dans la crédibilité d'un matte painting. Nul besoin de recouvrir la totalité de votre image avec des textures hautement détaillées ; au contraire, essayez de placer celles-ci à des endroits stratégiques comme les zones focales de l'image (les plus importantes) ou le premier plan. L'alternance entre des zones très détaillées et d'autres un peu plus unies ne portera pas atteinte au réalisme général tant que ce mélange se fera de façon subtile. Le cerveau a l'habitude de combler les vides et d'organiser l'information vous pouvez très bien reconnaître un mot instantanément, même si certaines de ses lettres manquent ou ne sont pas dans le bon ordre et il interprète également mieux un message lorsqu'il peut se "reposer".

MATTE PAINTING AVEC PHOTOSHOP

Créez un matte painting à l'aide de Photoshop.

SUR LE CD : Vous trouverez sur le CD les photos de base et le PSD.

NOTRE EXPERT

Matthieu Rebuffat

Matthieu Rebuffat est un jeune graphiste/illustrateur de 26 ans vivant à Montpellier (Hérault). Passionné par le dessin et la peinture numérique, il travaille actuellement en tant que graphic designer chez Aquafadas, société spécialisée dans la création de logiciels numériques. Vous trouverez la plupart de ses travaux sur son site art-of-kiko.fr.

Dans ce tutoriel, je vais vous montrer comment réaliser un matte painting à l'aide de photos et de peintures numériques. Nous commencerons à partir de plusieurs photographies de paysages libres de droits téléchargées sur cgtextures.com. C'est parti !

01 DÉTOURAGE

Après avoir ouvert la photo Landscapes0104_L dans Photoshop, je recadre mon image et prépare ma composition. Je prépare le détourage de mon ciel en ouvrant la fenêtre des Couches (Fenêtre> Couches). Je duplique ma couche de bleu (RVB) car c'est elle qui m'offre le plus de contraste à la base entre ma montagne et le ciel. Je sélectionne la couche dupliquée et j'augmente à fond les noirs et les blancs avec l'option Niveaux. Cela me permettra de détourer plus facilement mes montagnes. Le but est de découper proprement le décor pour une intégration propre lors de l'intégration du ciel.

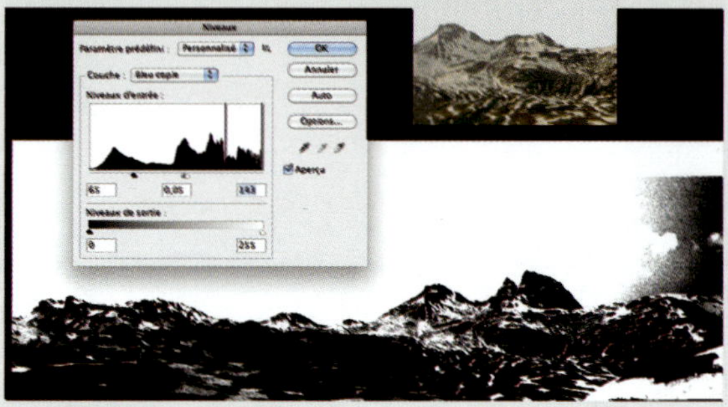

02 PREMIER PLAN

Pour mieux plonger le regard dans l'image, je décide d'intégrer au premier plan le flan d'une colline enneigée. J'ouvre l'image Landscapes0140_18_L et j'applique la même technique de détourage à mon image pour isoler le premier plan que je vais coller dans mon document. Afin d'harmoniser mes nuances, je passe tous mes calques en niveau de gris en faisant une désaturation (Image> Réglages> Désaturation). Je créé ensuite sur un nouveau calque que je place sous les autres un dégradé pour créer l'ébauche de mon futur ciel.

03 ARRIÈRE-PLAN

J'ouvre une troisième image, Landscapes0148_8_L. Je vais détourer les montagnes du fond que je placerai en arrière-plan dans mon image actuelle. En utilisant la technique de détourage par couches, j'obtiens ceci. Je désature l'image (Ctrl/Cmd+Maj+U) et je la colle dans un nouveau calque placé juste au-dessus de mon dégradé pour obtenir ce résultat.

04 NUAGES

Il est temps de donner au ciel une texture plus réaliste. Après avoir ouvert mon image de ciel et appliqué une désaturation, j'incruste les nuages sur un nouveau calque en mode Densité Couleur -.

05 INCRUSTATION COULEUR

Il est temps d'ajouter un peu de couleur à ce document. J'aplatis mon document et avant de passer à la couleur, je réhausse mes contrastes à l'aide des Niveaux (Ctrl/Cmd+L). Je créé ensuite un nouveau calque en mode Couleur et je peins avec une couleur bleutée dans les tons de gris froid par dessus mon image à l'aide d'un Pinceau rond, large et flou.

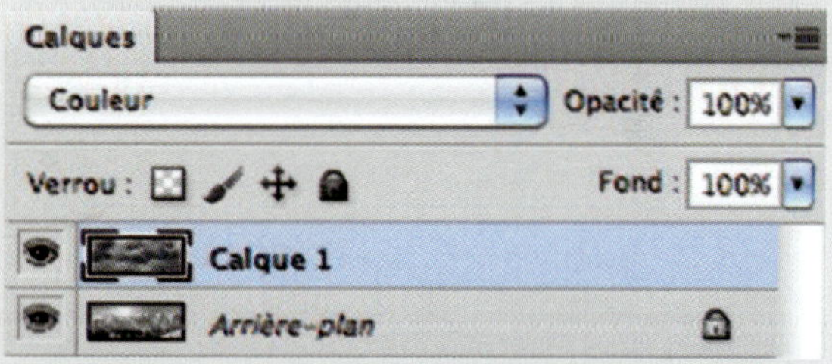

06 VÉRIFICATION DES INTÉGRATIONS

À ce stade, je regarde tous les petits défauts que comporte mon image afin de les corriger et ne pas les oublier. Dans notre cas, j'ai encore quelques pixels en trop dû à mon premier détourage.
Un coup de Pipette sur la montagne du fond et je peins par dessus mes pixels gênants avec un Pinceau fin et dur pour mieux intégrer ma photo.

07 VÉRIFICATION DE LA LUMIÈRE

En ayant placé ma lumière au centre de l'image, je me rends compte que cela ne fonctionne pas par rapport aux ombres portées de mes montagnes. Je créé un nouveau calque et je peins par dessus ma source de lumière pour la masquer et corriger la lumière de mon ciel. Je copie-colle de nouveau une texture de nuages pour finaliser la retouche.

08 SOURCE DE LUMIÈRE

J'ajoute un calque en mode Densité couleur - avec une couleur bleue très claire et je peins à l'aide d'un Pinceau large rond et flou dans le coin de mon image pour simuler une lumière solaire. J'applique également sur les sommets à gauche de mon image quelques touches de blanc sur le même calque pour simuler le reflet de la lumière sur la neige.

09 MYSTÈRE

J'ai voulu apporter une touche de mystère à mon image en créant sur une zone de la montagne des blocs rocheux aux formes agressives. Sur un nouveau calque, je trace leur silhouette au Lasso et je les peins avec un Pinceau texturé. J'en dessine plusieurs pour avoir ce résultat. Toujours sur le même calque je trace au lasso quelques fissures que je vais peindre en orange pour créer des fissures de magma. Sur un nouveau calque en mode Densité couleur - et à l'aide d'un Pinceau fin, rond et flou je peins par-dessus les fissures avec une couleur jaune/orangée.

10 RÉGLAGES

Sur un nouveau calque mode Incrustation (à 40 % d'Opacité), j'augmente les couleurs chaudes de mon matte painting au niveau de ma source de lumière à gauche et sur mes rochers de lave.

11 FINALISATION

J'aplatis tous mes calques pour ajouter les derniers détails. Afin de réduire le côté trop propre du digital painting, je vais ajouter un peu de bruit. J'ajoute un nouveau calque que je remplis de noir et je lui applique le filtre Ajout de bruit que je règle sur une Répartition Gaussienne, en Monochromatique. Je règle enfin mon calque sur Lumière tamisée à 15 % de Fond pour que mon effet de bruit soit subtil. Sur un nouveau calque, je dessine des flocons de neige à l'aide d'une Forme spéciale, que je vais flouter grâce à mon flou de direction. Je fais la même chose sur un calque que je place en dessous avec des flocons plus petit pour créer un effet de profondeur.

12 DERNIERS AJOUTS

Sur un nouveau calque, j'ajoute des effets de fumée au niveau de mes rochers de magma pour simuler la condensation de l'air glaciale au contact de la roche. J'aplatis mon image et je règle une dernière fois la saturation pour augmenter les couleurs du matte painting. Et voilà, c'est terminé !

L'ARTISTE
Giuseppe Severino

Giuseppe Severino est un artiste polyvalent, travaillant pour plusieurs secteurs, prestant autant en mise en couleurs qu'en dessin, sous Photoshop et/ou Illustrator.
http://www.cartoonbox.be

Étalonnage de l'écran

Rien de plus rageant que de voir une image qui était superbe à l'écran complètement ruinée à l'impression. Couleurs altérées, noirs salissants et luminosité gâchée sont autant de problèmes que vous risquez de rencontrer si votre écran n'est pas correctement calibré. Même si leur prix est souvent très élevé, les colorimètres restent un très bon investissement pour quiconque compte imprimer ses travaux. Une solution un peu moins fiable mais également moins onéreuse consiste à utiliser des profils colorimétriques prédéfinis – le plus souvent disponibles sur le site Internet du fabricant de votre écran. Dans tous les cas, faites une véritable enquête avant d'acheter votre écran (tests sur Internet et dans des revues spécialisées), aussi bien au niveau de ses couleurs que de sa précision d'affichage, et renseignez-vous également à l'avance des profils fournis par le constructeur. Si votre écran est bien choisi, quelques réglages de base devraient suffire à obtenir des couleurs fiables.

© Pascal Casolari

LA TOUR ORANGE

Avec ce tutoriel, vous allez appréhender la mise en place d'un matte painting de production. Je parlerai plus particulièrement dans ce tutoriel de la méthodologie simple pour élaborer un matte painting en partant d'une photo de base que nous appelons "Plate". L'image n'est jamais isolée de son ensemble et je ne parlerai pas ici du scénario qui a une place fondamentale pour donner du sens au décor. Il s'agit ici d'un rempart d'une ville imaginaire.

NOTRE EXPERT Pascal Casolari *travaille en indépendant comme illustrateur et peintre. Il a commencé à travailler il y a 20 ans et a débuté le dessin à l'âge de 13 ans. Pour lui :* « Tout est possible, il suffit de vouloir et de travailler en s'aidant des maîtres qui nous entourent pour apprendre et apprendre sans cesse. L'observation constante du monde dont nous faisons partie est très importante et nous rappelle que nous ne sommes qu'un modeste petit chaînon. » *Si le cœur vous en dit vous pouvez venir voir ses travaux en visisant son blog sur la peinture numérique : www.pascalcasolari.com.*

01 TROUVER LA PHOTO DE BASE

Créez un nouveau document : Fichier> Nouveau> Document A4. Il suffit ici sur un seul calque de coller une photo sur le fond qui servira de base pour le matte painting. Tous les autres éléments resteront virtuels.

02 PREMIERS COUPS DE PINCEAU

Copiez votre fond et créez un groupe que vous intitulerez Matte 1 (cela permettra de garder toujours en référence votre photo). Peignez directement dessus la tour de rempart de la ville en vous aidant d'une grille de perspective que vous dessinerez sommairement sur un autre calque. Exagérez et mettez les deux points de fuite dans le cadre pour avoir un effet de grand angle. Travaillez assez vite pour garder une fraîcheur dans la composition et ne poussez pas trop les détails. Zoomez votre document à 40 % pour avoir la totalité de la page devant vous et ainsi dessiner en petit.

03 LE CIEL ET L'AMBIANCE

Ici, l'étape supplémentaire est importante. Il faut dessiner le ciel pour très vite déterminer l'ambiance et le niveau de l'éclairage. Prenez une photo pour avoir un modèle devant les yeux.

04 ÉCLAIRAGE

Nous allons utiliser un calque Produit pour poser des zones d'ombre sur l'îlôt et un calque Couleur pour ajuster la teinte de l'ensemble et les reflets du ciel sur l'eau. Les deux calques sont liés au calque inférieur pour que les ombres et les couleurs n'affectent que le calque.

« Il faut dessiner le ciel pour très vite déterminer l'ambiance et le niveau de l'éclairage. »

05 UN PLAN DE FOND

Dessinez un plan de fond sur un nouveau calque en prenant soin de ne pas le faire trop foncé pour avoir une bonne perspective atmosphérique.

06 UN AUTRE PLAN PRINCIPAL

Rajoutez un autre plan sur un autre calque en prenant soin de mettre des ombres colorées, qui reflètent la couleur du ciel. Affichez le calque avec la perspective pour vous aider.

07 TEXTURER

Vous allez maintenant enrichir votre plan en utilisant des textures photographiques. Créez un nouveau calque sur lequel vous collerez des morceaux de texture, restez en mode Normal. Liez le calque au plan pour que la texture n'affecte que les zones opaques. La grille en perspective va vous aider à positionner les rochers. Utilisez les outils Tampon de duplication et Tampon de motif pour dupliquer d'avantage de textures.

08 OMBRE ET LUMIÈRE

Vous allez utiliser ici la même méthode pour retoucher l'éclairage des rochers. Créez un nouveau calque que vous nommerez Ombre, et passez-le en mode de fusion Produit. Peignez directement l'ombre.

09 UN AUTRE PLAN

Vous allez maintenant peindre votre dernier plan, le premier plan. Esquissez rapidement les formes en prenant en compte l'effet de perspective. Rajoutez un calque de brume pour détacher le plan de celui du dessous, toujours dans un souci de perspective atmosphérique. Procédez comme dans l'étape 07 pour appliquer une texture de rocher. Pour l'éclairage, nous utiliserons le calque en le dupliquant et en le passant en mode de fusion Incrustation pour récupérer l'éclairage esquissé.

10 FIN DE LA MISE EN PLACE

Nous finalisons ici la mise en place du matte painting pour retravailler l'ensemble avec plus de détails. Ici, j'ai pris soin de réajuster les couleurs en donnant une dominante plus orangée et en posant un effet de soleil en haut à droite de l'image. Il vaut mieux de pas trop vite pousser les détails pour d'abord avoir l'image dans sa globalité avec tous les plans nommés et dessinés. La finalisation du matte painting fera l'objet d'un autre tutoriel.

L'ARTISTE
Johann Goutard

Freelance et passionné par le monde de l'image depuis toujours, j'aime apprendre chaque jour de nouvelles techniques. Webdesigner depuis plusieurs années, je gravite aujourd'hui autour de la 3D, de l'animation et du matte painting par le biais du concept design, que j'ai découvert récemment. Mon objectif est simple : progresser! www.graphaddict.com

Utilisation de la 3D

L'importation de modèles 3D dans vos images Photoshop peut être d'une grande aide dans la création d'images réalistes. Vous pouvez importer directement un objet 3D en l'ouvrant dans Photoshop comme s'il s'agissait d'une image (à partir de CS4 Extended uniquement) et le manipuler directement dans le logiciel. Pour plus de précisions, lisez la rubrique d'aide du logiciel consacrée à la 3D. Vous pouvez ensuite le texturer et régler son éclairage ou, au contraire, le laisser tel qu'il est par défaut (gris) et peindre des couleurs et textures par-dessus, comme s'il s'agissait d'une simple image. Les plus à l'aise avec la 3D pourront même préparer la structure de base de l'image en créant une scène complète – avec éclairage, matériaux et textures – directement dans un logiciel 3D et créer diverses passes de rendu. Ces passes pourront être importées dans Photoshop pour créer un compositing, qui pourra à son tour être affiné et retravaillé pour constituer un matte de haute qualité.

CITY'S DECAY

Réalisez une ville postapocalyptique en matte painting.

Il ne faut pas oublier qu'avant de commencer un matte painting, il y a une phase de croquis préparatoire. Il arrive en effet qu'un concept art soit repris puis texturé à l'aide de textures photos ou photoréalistes. Nous allons voir ici ce qui concerne la réalisation d'un tel concept préparatoire, qui pourra également servir directement pour un animatic de pré-production.

SUR LE CD : Vous y trouverez toutes les sources d'images nécessaires.

NOTRE EXPERT
Silvergraphx
Christelle et David sont diplômés et passionnés d'arts graphiques. Sensibles au monde de l'art numérique, ils collaborent dans la conception et le développement de visuels ayant pour thème des univers fantastiques. Tous deux ont développé un style graphique qui leur est propre et les distinguent des autres concept artists. www.silvergraphx.org

01 CHOISIR DES FORMES

L'objectif étant de réaliser une ville postapocalyptique, il nous faut tout d'abord choisir un élément de base : la structure d'un immeuble. Nous arrivons rapidement à avoir une base en noir et blanc en superposant et en transformant notre élément de base. Remarquez l'immeuble effondré au premier plan qui assurera la dynamique et permettra d'asseoir l'architecture de l'environnement.

02 COMPOSER

Tout en créant de nouvelles formes selon le besoin recherché, nous pouvons avancer dans notre composition. Créez vos formes puis intégrez-les ensuite dans votre composition. Pour le sol, nous avons créé une forme fractionnée basée sur les textures rochers. Après duplication et superposition, nous en avons tordus certaines parties avec l'outil Transformation manuelle. Les immeubles se dessinent grâce à l'utilisation d'éléments verticaux basés sur des formes rectangulaires avec ou sans bords arrondis.

03 INCRUSTATION

Commencez alors à détailler avec des éléments plus fins de couleur noire. Il est important et préférable d'alterner du foncé et du clair. Vous obtiendrez ainsi du rythme et de la profondeur. Ensuite, ajoutez du noir et du blanc sur un calque en mode Incrustation pour fixer le regard, avec ainsi ombre et lumière.

04 UN PEU DE PUBLICITÉ

Pour enrichir l'image, incrustez d'après photo un panneau publicitaire qui se retrouve penché, comme la tour de Pise.

05 PRÉVENTION ROUTIÈRE

Créez ensuite à plat un ensemble de panneaux de signalisation que vous torturerez ensuite à l'aide de l'outil Transformation manuelle.

06 SIGNE DE VIE

Il s'agit simplement d'ajouter par endroits des fenêtres et quelques formes arrondies pour enrichir votre immeuble et rythmer la séparation des différents étages.

07 MISE EN COULEUR

Utilisez alors pour un gris bleu assez peu saturé, tirant parfois légèrement sur le vert (C 65 % M 36 % Y 36 % N 3 % par exemple), que vous passerez sur un calque en mode Obscurcir. J'ai rajouté pour ma part une petite voiture de type buggy au premier plan ainsi qu'un petit personnage. Peignez les panneaux routiers en bleu. Une fois la base terminée, nous travaillerons les ombres avec du gris ou du noir sur un ou plusieurs calques en mode Incrustation, ainsi que les lumières avec du blanc pour attirer l'œil. De petites touches de marron-rouge seront posées dans les parties ombrées sur un calque en mode Eclaircir. Répétez l'opération plusieurs fois si nécessaire.

08 DÉTAILS, TEXTURES ET LUMIÈRES

Sur de nouveaux calques en mode Incrustation, nous montons un gros effet HDR (High Dynamic Range) sur l'immeuble servant de focale, puis sur le sol situé juste devant. Utilisez ensuite la Pipette pour prélever la teinte, et rajoutez des fenêtres et des fines lignes verticales qui ajoutent du détail à l'immeuble. Retravaillez les arrondis et donnez-leur du volume en ombrant, avec une forme de type "pinceau sec". Posez rapidement une texture salissante à l'aspect granuleux. Peignez également en blanc la signalétique des panneaux, puis retouchez le panneau publicitaire pour effacer ce qu'il y avait dessus à l'origine.

09 BALANCE DES COULEURS

Je procède pour ma part toujours en mettant en place un calque de réglage Balance des couleurs pour unifier l'ambiance chromatique.

10 LA ROUTE, LE PERSONNAGE ET SON BUGGY

Après avoir trouvé sur Google une photo de route dévastée par un tremblement de terre, sélectionnez-en un morceau. Il sera alors dupliqué, transformé, mis à l'échelle plusieurs fois. La balance des couleurs sera à nouveau utilisée pour rendre cohérente la teinte des morceaux de route par rapport à la globalité de l'image. Peignez ensuite le buggy et le personnage sur un calque en mode Obscurcir pour la couleur de base, puis un calque en mode Incrustation sur lequel vous ajouterez alors les lumières orangées.

11 RÉCAPITULATIF

Vous pouvez observer sur la capture ci-contre de gauche à droite : la première phase sur le mode de calque Obscurcir où sont posées les couleurs de base, puis un premier passage du mode Incrustation. Pour la deuxième capture, l'intérêt réside dans le fait qu'un nouveau calque en mode Obscurcir est très souvent nécessaire pour unifier davantage la peinture. Vous pouvez noter aussi l'apport de détails supplémentaires. Sur la dernière capture, les modes Incrustation et Obscurcir permettent de finement doser l'éclairage, et ainsi d'obtenir une efficace fluidité.

CIVILIZATION
Tkroo

L'ARTISTE
Raphael Kettani

Raphaël habite en Belgique. Autodidacte dans l'âme, c'est à 16 ans qu'il décide de se lancer dans le graphisme. Âgé de 19 ans aujourd'hui, il est inscrit à l'IHECS, la haute école bruxelloise de communicatin. Il souhaite ainsi à lier ses aptitudes graphiques aux techniques de la publicité et du marketing.

Matte painting “tout photo”

Certains matte paintings se rapprochent du photomontage, en raison de leur recours presque exclusif à des éléments photographiques, avec très peu de peinture. Ce type de réalisation peut être très intéressant à explorer ; vous devrez toutefois prêter une attention toute particulière au choix de vos images de départ et à leurs valeurs et direction d'éclairage, en n'hésitant pas à utiliser des masques de fusion et des calques de réglage pour affiner le résultat. Prenez en compte tout ce que vous prendriez en compte si vous dessiniez l'image (perspective atmosphérique, perspective, couleurs, etc.). Au final, le travail à partir de photos ne devrait pas vous empêcher de réaliser une image crédible, bien au contraire. Veillez tout simplement à bien rester cohérent dans le choix et le traitement des diverses ressources utilisées.

REFINERY 51 B

C'est parti pour voyager dans un paysage industriel et futuriste. Avis aux amateurs !

Nous allons créer ici une peinture numérique en nous basant sur la technique des valeurs de gris comme base. Puis, nous utiliserons des formes de base pour mettre l'image en place.

NOS EXPERTS
Silvergraphx
Christelle et David sont diplômés et passionnés d'arts graphiques. Sensibles au monde de l'art numérique, ils collaborent dans la conception et le développement de visuels ayant pour thème des univers fantastiques. Tous deux ont développé un style graphique qui leur est propre et les distinguent des autres concept artists. www.silvergraphx.org

01 LE ROUGH

Sur un format horizontal et panoramique, placez les éléments sous formes de taches en différentes valeurs de gris. Notre composition s'organisera autour de la grande tour principale de la raffinerie.

02 LA TOUR

En créant quelques formes rectangulaires peintes en valeurs de gris nous venons d'ériger la tour principale et son architecture. Jouez sur les gris pour créer le relief. Ajoutez aussi des formes plus fines pour créer un contraste de taille et du détail. Vous pourrez remarquer également un entassement de formes sur l'environnement. Ce sont les formes que nous avons créées pour avoir une base pour notre raffinerie.

03 TYPO

Avec l'outil Texte, incrustez l'inscription 51B. Pensez à pixelliser votre texte.

04 CHEMINÉES, TUYAUX ET GÉNÉRATEURS

Pour agrémenter l'image, créez un générateur composé d'une même forme répétée trois fois à droite. Ajoutez ensuite des bâtiments avec une répétition d'un élément posé de manière oblique. Pour finir, intégrez des tuyaux au pied du générateur ainsi qu'une cheminée au premier plan, que vous reprendrez à sa gauche dans des proportions différentes. Il est nécessaire de faire ainsi des rappels architecturaux. Un cylindre texturé construit à partir d'ellipses fera office de cuve de stockage.

05 DÉTAILS DU CYLINDRE ET ÉLÉMENTS DU PREMIER PLAN

Rajoutez de fines formes pour apporter une texture à la cuve, puis en dupliquant une partie de la cheminée, donnez-lui une tout autre perspective pour créer un élément situé au premier plan sous la cuve.

06 SOL ELLIPTIQUE

Nous allons ici utiliser de nouveau une superposition d'ellipses mises en perspective pour créer le dessus d'une cuve souterraine située à gauche de la première. Ajoutez un tuyau par dessus.

07 CONTREBALANCER LA COMPOSITION

Pour équilibrer notre composition, nous créons à gauche un bâtimentassez important. La structure est faite à partir de notre cheminée que nous avons superposée et transformée tout en jouant sur les niveaux.

08 UN PEU DE COULEUR

Commencez par peindre la couleur de base sur un calque Obscurcir en utilisant une teinte C : 24 %, M : 39 %, Y : 14 % et N : 0 %. Faites ensuite quelques reprises sur un calque en mode Eclaircir avec du C : 76 %, M : 70 %, Y : 48 % et N : 39 % aux endroits suivants : au pied de la tour, sur les bâtiments à droite au second plan, ainsi que sur la façade du bâtiment situé tout à gauche. Le même traitement est appliqué aux cercles de la cuve souterraine.

09 INCRUSTATION ET PREMIÈRES LUMIÈRES

Sur un calque en mode Incrustation, peignez des lumières en rose/rouge sur la partie éclairée de la tour principale, puis sur les parties éclairées des bâtiments du second plan. Ombrez aussi avec du marron peu saturé le reste de la tour et notre générateur. Rajoutez du bleu dans le ciel pour le rendre plus dense, ainsi que du blanc en bas à droite de la tour pour créer une focale lumineuse.

10 OBSCURCIR POUR UNIFIER

Pour unifier les transitions lumineuses, passez un gris-marron neutre sur les cuves de stockage, la partie ombrée des générateurs et la partie supérieure gauche du ciel. Peaufinez le dégradé en diagonal de notre ciel pour le rendre moins blanc. Pour cela, ajoutez-lui un peu de notre gris éclairci. Contrebalancez si besoin avec un calque en mode Eclaircir, sur lequel vous pouvez peindre quelques petites lumières.

11 LUMIÈRES FINALES

Sur deux calques en mode Superposition, nous refaisons circuler notre lumière en utilisant du C : 0 %, M : 16 %, J : 0 % et N 0 % sur les parties touchées par la lumière : la partie supérieure droite de la tour principale, la façade du bâtiment situé à gauche, le haut de la cuve ainsi que le sol situé juste à côté. Appliquez également cette couleur sur le toit des bâtiments et la cheminée situés au second plan, ainsi que sur la partie éclairée des générateurs. Peignez aussi toute la diagonale supérieure du ciel sur la droite avec du gris très foncé.

12 DÉTAILS 1/2

Peignez des flammes dans la cheminée et une fumée noire s'en échappant, puis rajoutez des tuyaux rouges foncés sur l'autre cheminée. Ensuite, de petites bandes orange viennent décorer notre cuve de stockage.

13 DÉTAILS 2/2

Rajoutez des petites lumières blanches sur les parties ombrées de la tour principale, puis des traits blancs très fins pour en souligner le bloc principal, sur lequel est écrit 51B.

L'ARTISTE
Johann Goutard

Freelance et passionné par le monde de l'image depuis toujours, j'aime apprendre chaque jour de nouvelles techniques. Webdesigner depuis plusieurs années, je gravite aujourd'hui autour de la 3D, de l'animation et du matte painting par le biais du concept design, que j'ai découvert récemment. Mon objectif est simple : progresser! www.graphaddict.com

Vignettage

L'effet de vignettage, ou l'obscurcissement des bords de l'image, permet de renforcer la focale de l'image et de lui donner un aspect plus travaillé. Vous pouvez créer cet effet en ajoutant un calque de remplissage noir et en appliquant un Dégradé radial du blanc au noir sur le masque de fusion, en partant du centre de l'image. Réglez ensuite le mode de fusion du calque (Incrustation ou Produit fonctionneront généralement bien) et baissez l'Opacité de façon à ce que l'effet reste discret. Vous pouvez également utiliser les éléments de premier plan – généralement sombres – pour créer une sorte de cadre qui guide l'attention de l'observateur vers les zones importantes de l'image, tout en créant une profondeur intéressante

L'ESPAAAAAAAACE !

Réalisez un paysage de rêve pour les vacances.

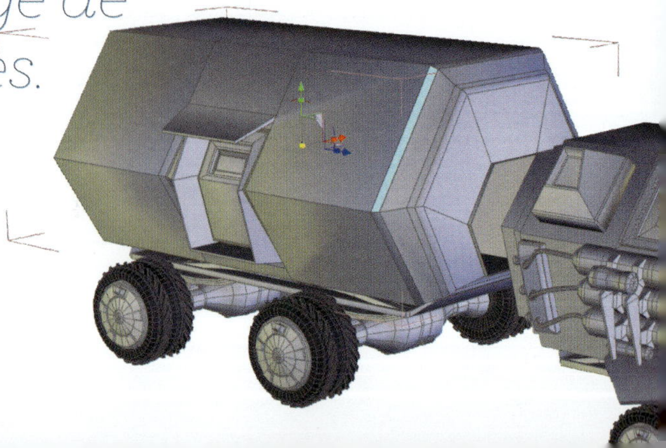

Durant ma prime enfance, j'ai suivi en direct l'alunissage du LEM sur une télé noir et blanc, carrée et surtout minuscule par rapport aux normes actuelles. Il y en avait très peu dans les foyers, aussi nous étions nombreux autour du poste. Cela peut paraître des temps préhistoriques, mais c'était hier... Juste le temps de faire des études d'Arts et la révolution informatique passait par là. Cet alunissage m'a marqué profondément. Depuis, par inclinaison naturelle, j'ai choisi de rajouter à l'univers des sciences celui de la fiction. Voilà pourquoi aujourd'hui, je vous propose de me suivre sur un "joli" panorama de science-fiction.

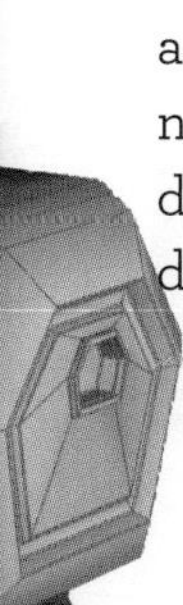

NOTRE EXPERT
Thierry Maurel

Après une formation artistique aux Beaux-arts et à l'université de Bordeaux, Thierry a tenté sa chance comme illustrateur traditionnel durant quelques années. Par la suite, il a vécu aux Antilles et visité quelques pays. « Très formateur pour le regard, son nombril et celui de son pays. » De retour en France, l'illustration s'est orientée vers la vidéo plutôt que l'impression. Aujourd'hui, pour lui, la vidéo prime mais au travers du prisme de l'illustration. http://thierry-illustrateur.ultra-book.com/

01 PAYSAGE SPATIAL

Contrairement à mes habitudes, je n'ai fait aucun croquis ni utilisé mes méthodes habituelles de travail sous Photoshop. J'ai choisi un mix de techniques. En effet, la grande force du logiciel d'Adobe est d'harmoniser des sources visuelles radicalement différentes. Je développerai ce point précis dans les prochaines étapes. Pour l'heure, j'ai une envie à visualiser : faire un paysage spatial contemplatif digne d'un beau panorama terrestre et visité par une foultitude de touristes. La 3D fera office d'ébauche en créant une scène sommaire en noir et blanc. En sommeil, dans un de mes disques durs, traînait un "tracteur" spatial inachevé. L'occasion était toute trouvée de le réutiliser.

02 CARAVANE DE L'ESPACE

Le camping-car possède de nombreux avantages que pourrait reprendre, à son compte, un touriste astronaute. J'ai décidé d'adjoindre à ce véhicule un habitacle de vie et une caravane technique. J'ai donc ouvert le modeleur auquel je suis habitué, soit Hexagon 1. Un peu de box modeling avec des formes primaires, quelques extrusions par-ci par là, des imports modélisés auparavant (comme une échelle) et voici qu'apparaît un sommaire véhicule pour parcourir les plaines arides de quelque astéroïde géant. Les roues et les essieux sont simplement copiés du tracteur puis adaptés. L'idée n'est pas de réaliser une modélisation peaufinée mais un objet servant de support 2D dans Photoshop.

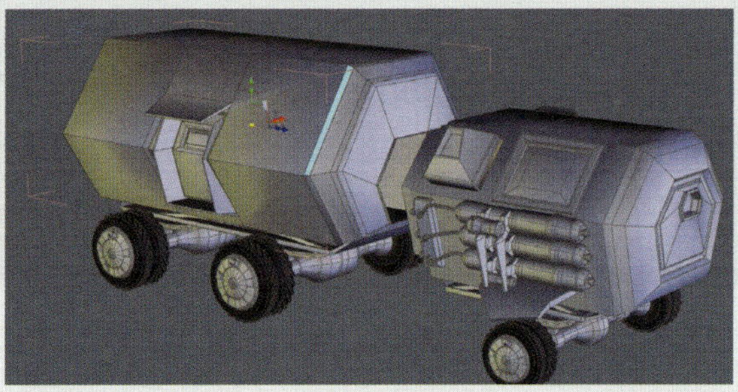

03 PARASOL ET SOLEIL

Dans l'espace, le soleil est présent tout autant que sur Terre mais comme l'atmosphère est absente, il faut encore plus penser à se protéger des rayons, pas toujours bienfaiteurs. J'ai donc imaginé un parasol salvateur sur le toit. Honnêtement, j'ai piqué l'idée à une BD anglaise (un film aussi) nommée *Tank Girl*... plutôt déjantée. Une surface plane, que j'ai déformée selon mes envies, m'a permis d'achever la modélisation de l'environnement du véhicule. En effet, en positionnant les divers éléments un peu comme si vous vous étiez arrêté au bord du chemin pour une pause contemplation, l'aspect général devient nettement plus crédible.

04 LA SCÈNE 3D

Afin de réaliser ma vue, j'ouvre mon "renderer" 3D : Carrara Pro 7. Pour l'illustration, c'est très bien. Comme on peut le voir sur l'image, j'ai importé mon environnement monté sous Hexagon 1. J'ai défini des dimensions et une résolution : 4 300 x 1 600 en 300dpi. Avec la puissance actuelle des ordinateurs, les rendus sont rapides. J'ai rajouté trois sphères et deux projecteurs auxquels j'ai associé des mires. Ces dernières m'ont permis de diriger le flux lumineux à ma guise, le suivi des projecteurs se réalisant en dynamique. Une fois satisfait d'un cadrage, d'une lumière, le rendu s'imposait. À noter que si cette étape est cruciale pour l'ambiance finale, techniquement elle est simplissime !

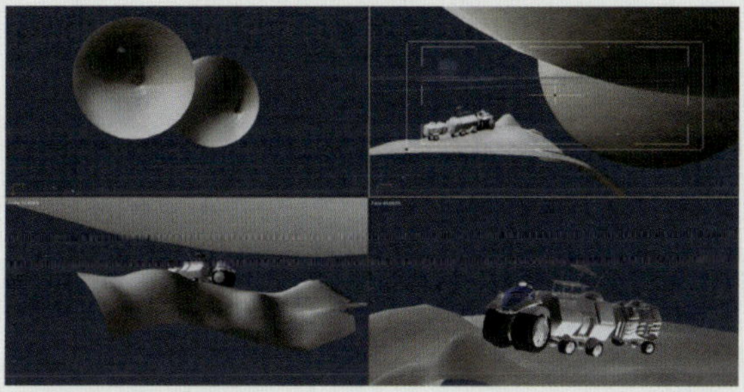

05 LES BUFFERS

La 3D, réalisée en complément de Photoshop, a de la valeur pour son rendu mais surtout pour ses buffers. De quoi s'agit-il ? Concrètement, il s'agit de rendus associés tenant compte de certains critères uniquement. L'image résultante est essentiellement en niveaux de gris mais pas forcément, tout dépend de vos choix. Pour une illustration digitale, ce qui compte c'est la possibilité de réaliser des masques et des sélections rapides, si possible en un simple clic. Par exemple, un des buffers très prisés d'une scène est celui qui, par des valeurs de gris idoines, permet de régler un flou et donc de simuler une mise au point en tenant compte des distances. Si, si, c'est possible dans Photoshop…

Aparté sur les buffers

Cette image montre la diversité des buffers (parfois nommés multi-pass) qui permettent chacun un réglage particulier dans Photoshop. La gestion de la lumière prend une grande place ici. Toutefois, ces rendus spécifiques sont aussi très utiles, voire vitaux, en vidéo ou dans le cinéma. After Effects notamment en tire parfaitement parti comme tout logiciel de compositing. Au final, l'image sera très fortement améliorée. Ça vaut le coup, alors informez-vous !

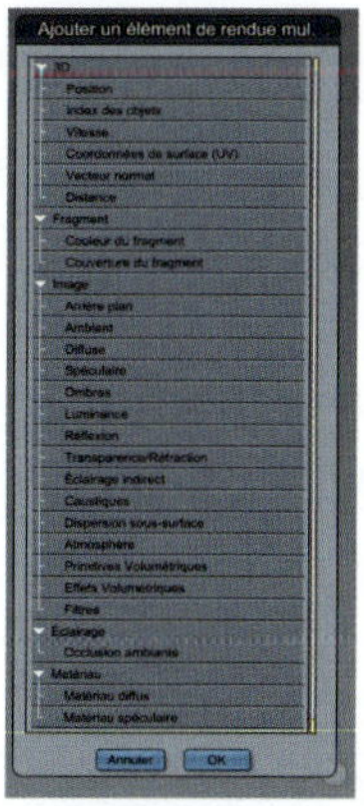

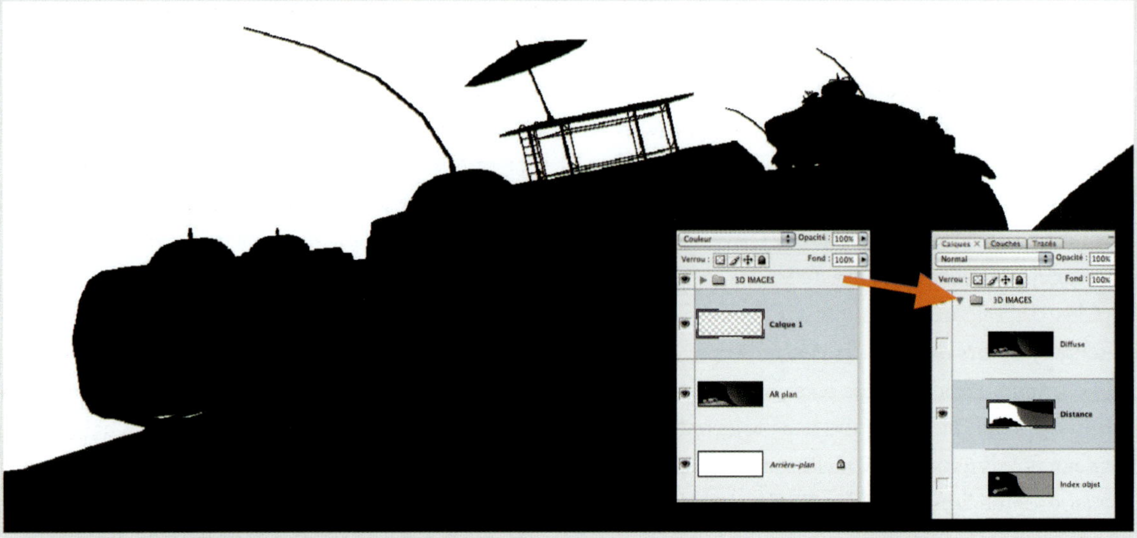

06 ORGANISER SES CALQUES

Dans Photoshop, après avoir ouvert un nouveau document aux dimensions et avec la résolution des rendus 3D, il suffit de copier-coller tous vos éléments. À savoir : un copier-coller, par défaut, ajoute un calque et le positionne exactement au centre. C'est bien pratique ! Ici l'idée est d'avoir la première structuration de vos calques : un arrière-plan (Rendu 3D original), un calque en mode Couleur nommé à votre guise et enfin, au-dessus de la pile, un groupe nommé "3D" contenant vos buffers. Ces derniers serviront aux sélections rapides et multiples avant tout. Ils pourraient avoir d'autres fonctions mais ce n'est pas le cas pour cette image-ci.

07 PLACE À LA COULEUR

Comme il est très courant professionnellement et notamment en speed painting, l'ajout d'un calque vierge en mode Couleur permettra de colorer, selon vos envies, le rendu gris du calque inférieur. Ici, j'ai choisi que ce calque ne s'applique que sur la partie du véhicule et sur son environnement immédiat. Dans un premier temps, je me suis contenté d'une simple sélection via les calques de "buffers". Par la suite, j'ai opté pour un masque autorisant des manipulations intéressantes comme assouplir l'aspect dur lié à la sélection (par un Flou gaussien). Le fond de l'image est un simple dégradé. Toutefois, ce calque est au-dessus et non en dessous. Il y a une réserve facilement accessible grâce aux "buffers". Ils prennent toutes leurs utilités à présent car il est facile de sélectionner avec la Baguette magique (W).

08 UTILISER LES MASQUES !

Quelques étapes plus loin, en reconduisant ce principe de sélection (via "buffers") associés à des calques en mode Couleur, j'ai fait apparaître planètes et lunes. La sanction immédiate est une prolifération de calques tous nommés de façon plus ou moins évocatrices. Comme Photoshop doit s'adapter à ses besoins et non l'inverse, j'ai modifié la structuration en faisant intervenir des groupes auxquels j'ai ajouté un masque. C'est peu utilisé mais effectivement, les groupes acceptent les masques. Ainsi, tout le contenu d'un groupe sera masqué de manière similaire. Plus important, dans mon cas, le geste est libéré. Il n'est plus besoin de suivre laborieusement un contour. D'ailleurs, c'est ce que suggère la capture d'écran.

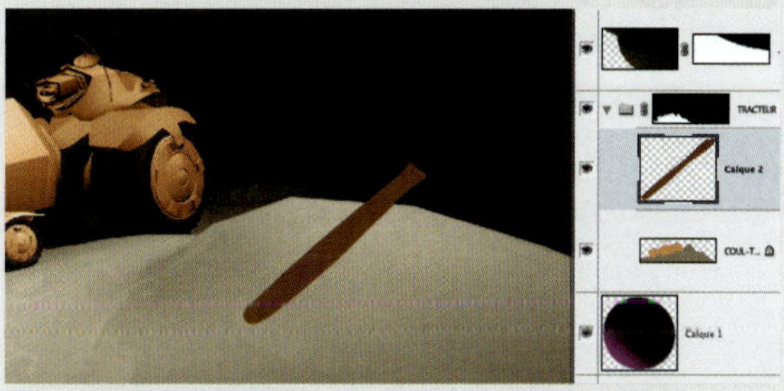

09 L'ESPAAACE INFINIIII...

En respectant la logique du procédé dans la structuration des calques, il existe désormais un nouveau groupe nommé espace. Un masque lié à ce groupe permettra de peindre ou de réaliser des effets particuliers en toute liberté. Il ne reste plus qu'à sélectionner des pinceaux en forme d'étoiles, de galaxies et d'amas gazeux.

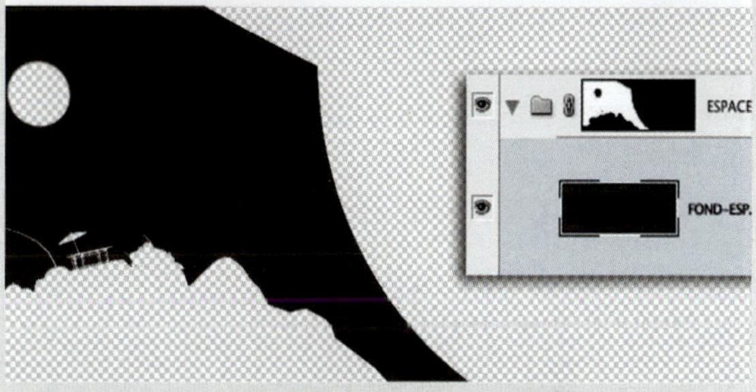

10 LES ÉTOILES

Les pinceaux en forme d'étoiles sont récupérés sur le Net ou sur les DVD des revues spécialisées comme Advanced Creation. L'astuce ici n'est pas de peindre mais de disposer les éléments. Le but est de créer une diversité et un effet d'abondance. Comme nous sommes des créateurs d'images, nous cherchons à faire ressortir ou atténuer telle ou telle partie de l'image. L'expérimentation et l'expérience restent vos meilleures armes.

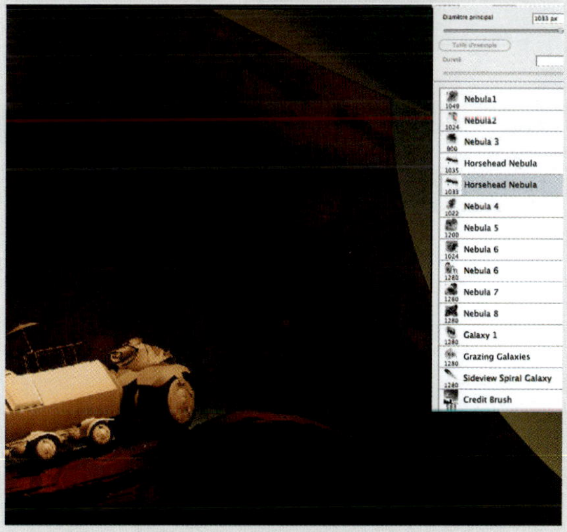

11 UNE MYRIADE DE PETITS POINTS

En disposant une empreinte d'étoiles pour créer de la diversité et remplir la surface disponible, il reste nécessaire de changer souvent de pinceau étoilé. Pour cela, il est préférable de faire chaque marque sur un calque séparé. Cela permettra d'en régler la position, d'utiliser l'outil Transformation mais aussi les divers modes sans oublier l'opacité. La conjonction de tous ces paramètres permet la fabrication d'un ciel spatial qui devrait créer l'illusion.

12 LUNES ET AUTRES PLANÈTES 1/2

Avec mon petit Panasonic Z28, je suis allé faire quelques clichés au bord du Tarn afin de ramener des textures de grosses pierres. Elles seront parfaites pour créer la surface d'un planétoïde sans atmosphère. Le procédé est simple mais très efficace.

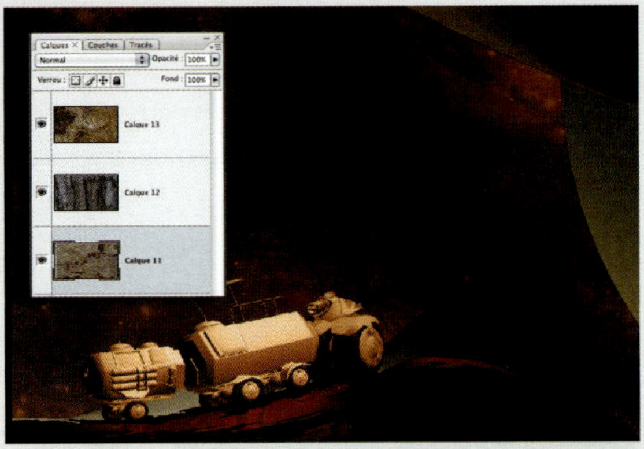

Photos de texture

Avoir la possibilité de faire ses propres photos est vraiment un gros plus. C'est la garantie d'une personnalisation et de conjuguer des moments de détente agréables loin de son bureau avec une activité utile et avantageuse. Quelques conseils peut-être concernant la prise de vues ? Ne sachant pas à l'avance comment vous utiliserez le cliché, faites-le à la meilleure définition (RAW en général). Utilisez des objectifs qui ne déforment pas les perspectives, un 50 mm suffit la plupart du temps. Évitez de faire des cadrages "artistiques". Soyez sobre et n'ayez pas peur d'utiliser l'aide du quadrillage (horizon) à l'écran. Il vaut également mieux sous-exposer que surexposer. Les informations seront définitivement perdues dans le cas de "brûlures" de l'image. Soyez prudent, enclenchez la fonction "bracketing" qui fera la même vue avec trois niveaux d'expositions différents. Ensuite, il faudra classer, comme, par exemple, avec iPhoto !

13 LUNES ET AUTRES PLANÈTES 2/2

L'étape qui suit sera répétée avec de petites variantes pour les trois lunes. Chacune possède son groupe (Lune01, 02 et 03). Il suffit de glisser un calque de texture dans chacun d'eux. Avec l'outil Transformation (Ctrl/Cmd+T), j'adapte et j'oriente comme il me convient les textures. Le mode Lumière tamisée homogénéise l'ensemble de l'image. Toutefois tout est bien trop plat. Il va suffire d'utiliser le filtre Sphérisation à 100 %. L'astuce est de faire une sélection circulaire plutôt que rectangulaire. Le but est que l'effet ne produise pas de défauts visibles sur les bords de l'image. Ce serait le cas avec une sélection rectangulaire. Maintenant des astres se dessinent clairement dans l'image.

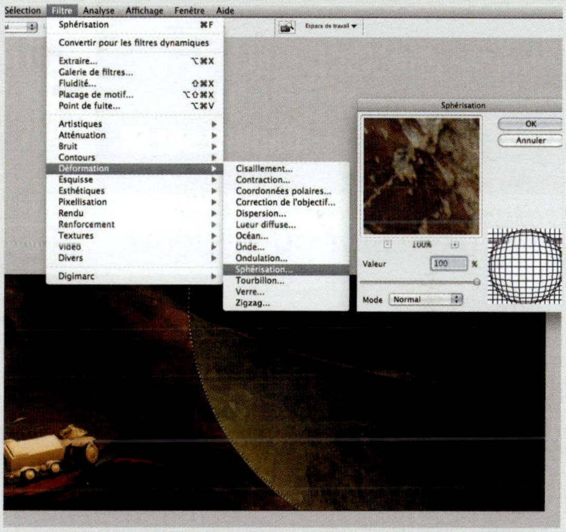

14 AJOUT DE DÉCORS

L'image étant un peu vide et le premier plan semblant flotter, j'ai rajouté deux éléments de décors. À droite du véhicule, un canyon de type martien et idem à gauche. Il s'agit de deux images reconstruites à partir de fichiers récupérés sur Internet. L'astuce a été de leur adjoindre un effet incrustation de couleur et d'ajuster les niveaux (Ctrl/Cmd+L), sinon l'ensemble de l'image ne serait pas visuellement homogène au niveau de la couleur et des valeurs.

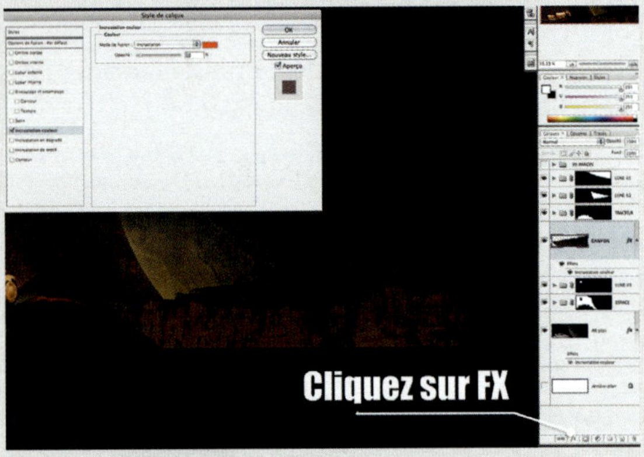

15 MODELER LA LUMIÈRE

L'image est bien avancée mais un peu plate. Il manque de la tonicité. Tout s'explique au travers de la capture. J'ai crée un groupe exposition. Le nom parle de lui-même. Un calque "ombre" et un calque "lumière" le constitue. Le premier est en mode Densité couleur + et le second à Densité couleur -. Il suffira de peindre dans l'un ou l'autre suivant les besoins pour modeler l'éclairage. Dessous, deux calques "Couleur" sont visibles. Ils sont en mode Couleur afin de nuancer et personnaliser les deux premiers objets célestes. Ils possèdent leur propre masque afin de conserver l'ombre naturelle qui aurait sinon disparu.

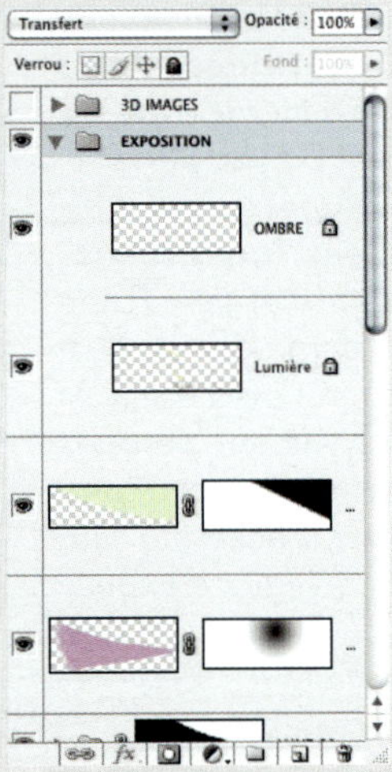

16 HABILLAGE DU VÉHICULE

C'est le gros morceau. Le but sera de transformer cette image foncièrement issue de la 3D en un véritable objet qui a bien bourlingué dans la galaxie. C'est qu'il y en a des choses à voir ! Il va falloir le personnaliser et le salir. D'abord avec l'outil Transformation, j'adapte une photo d'un panneau solaire afin de le loger sur la carrosserie. C'est très simple, tout comme le lettrage qui va recouvrir à divers endroits les flans du véhicule. Les salissures seront réalisées grâce au groupe exposition et avec des pinceaux pointillistes ou avec n'importe quelle forme à base de points aléatoires. Le choix est vraiment personnel. Réglez seulement la Diffusion du pinceau afin de ne pas faire de traits continus.

17 UN TOURISTE...

Ma BD favorite sur l'espace, mais c'est irrationnel l'ayant lu quand j'étais enfant, est *Objectif Lune* d'Hergé. Sans réfléchir, j'ai tout de suite pensé à un chien accompagnant le touriste. Au final, il restera à la niche. Avec un pinceau rond basique et sur un calque à part, j'ai dessiné plusieurs versions. Finalement, il m'a semblé que si l'aspect anecdotique était sympa, il était vraiment secondaire. Je n'ai donc fait qu'indiquer sa présence sans m'attarder dessus. L'astronaute ne sera, au final, qu'esquissé sommairement. Aucun détail singulier ne viendra attirer l'œil. Comme il s'agit de dessin avec une tablette, il n'y a aucun secret "photoshopien". Il s'agit simplement de pratique.

18 SAUVEGARDE

À ce stade, l'image est faite à 90 %. Cependant comme à mon habitude, je fais une sauvegarde de ce fichier de travail et je l'enregistre sous une nouvelle appellation. J'aplatis tous les calques dans ce nouveau fichier. Il est temps de travailler l'image non plus par parties mais globalement pour tenter de donner le plus de force possible avant de s'arrêter. Le souci de présentation de l'image finale est présent aussi. Autant essayer d'être le plus soigneux possible. Cette étape est de surcroît sans risque, puisque le fichier initial de travail demeure intact.

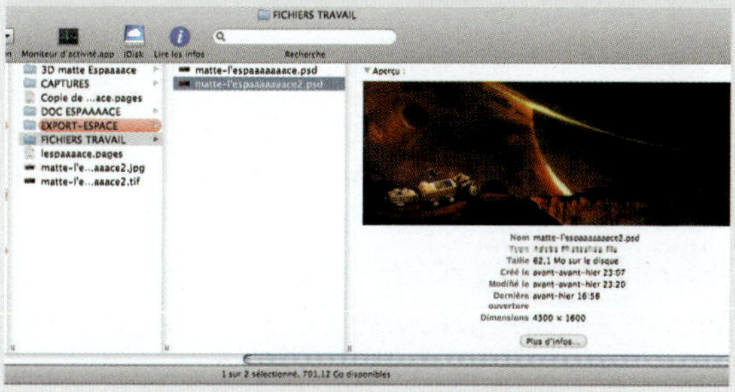

19 RENFORCER LA LUMIÈRE

Si l'on veut jouer sur la lumière, alors il faut aussi jouer sur l'ombre. L'un ne va pas sans l'autre. Aussi je duplique deux fois, dans un premier temps, le calque d'arrière-plan. L'un fera office de lumière et l'autre d'ombre. Je leur ajoute un masque car les interventions doivent être mesurées et ponctuelles. Il ne s'agit plus de construire l'image mais d'améliorer celle existante autant que possible. Enfin, j'aime bien l'aspect cinémascope dans les films. J'ai donc ajouté un calque, rempli de noir.

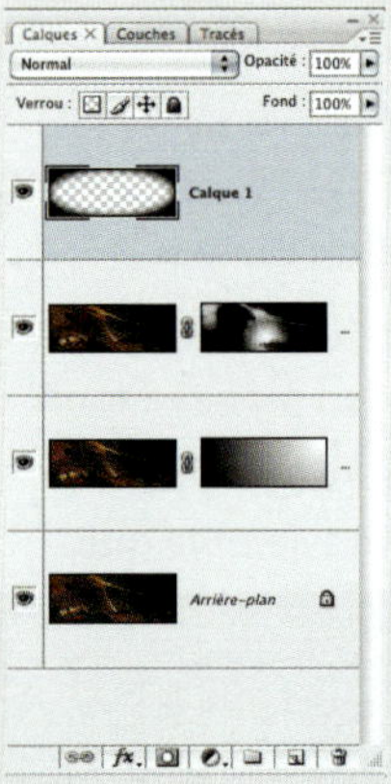

20 MODE INCRUSTATION

Le premier calque au-dessus de l'arrière-plan est celui qui renforce les ombres. Dans l'image de base, les ombres sont déjà fortes et très présentes. L'astuce ne consiste pas à en rajouter mais juste de les accentuer. Le mode Incrustation est parfait pour ce genre de modifications. Cependant, il modifie aussi les lumières grandement. Pour éviter ce problème, un masque avec un dégradé préservera les zones de lumières importantes à gauche de l'image. C'est simple mais efficace et il n'est pas besoin d'en faire trop non plus. Réglez l'opacité de ce calque n'est pas sans importance mais c'est affaire de sensibilité.

21 MODE DENSITÉ COULEUR -

Cette fois, le calque au-dessus est passé en mode Densité couleur -. De suite, c'est beaucoup trop fort mais l'image devient très puissante. Je descends l'Opacité à 70 % et cela devient alors intéressant. Comme pour l'ombre, la lumière nécessite un renforcement ponctuel. Il s'ensuit la création d'un masque. Cette fois, avec un Pinceau à forme douce entre 5 et 20 % d'Opacité, je peins en blanc le masque noir. La lumière vient surtout éclairer fortement les planètes et doucement la falaise. Je m'arrête une fois l'effet satisfaisant.

22 EFFET DE VIGNETTAGE

Avec cet effet, les bords sont adoucis et le sujet central est en quelque sorte "cadré". Il sera plus facile pour un spectateur de se sentir à l'intérieur de l'image. Il ne faut pas trop abuser des vignettes non plus car c'est tout de même un "truc" facile. C'est très à la mode en vidéo. Il suffit d'ajouter un calque rempli de noir, une sélection en ellipse qui va de bord à bord. Dans le menu Sélection, choisissez Transformer la sélection. Grâce aux poignets, réduisez homothétiquement comme sur la capture d'écran (en appuyant sur la touche Maj). Il ne reste plus qu'à définir un contour progressif entre 80 et 100 % et de supprimer. Le réglage de l'opacité finira les transformations. Si vous voulez préserver un peu les lumières, passez ce calque en mode Produit.

23 FINI !

Voilà, l'image est achevée, prête à être livrée. Honnêtement, je n'ai pas décrit toutes les étapes. Cependant, toutes les techniques sont décrites au moins une fois ainsi que les intentions associées. Par exemple, je suis revenu sur les roues pour en changer les couleurs. J'ai parfois flouté les masques pour un meilleur passage. Ce qu'il faudrait sans doute retenir de cette image est qu'avec très peu de fonctions, il est possible de bien faire.
Les modes de fusion et les masques sont au cœur de Photoshop. Il faut les maîtriser si l'on souhaite avoir un usage professionnel du logiciel. D'un autre côté, Photoshop accepte l'idée même de la débrouille. Chacun peut y apporter ce qu'il veut comme il veut et là-dessus ce logiciel est inestimable. En revanche le vignetage de certains filtres comme le Flou gaussien est une véritable honte qui dure depuis des années. Ne parlons pas du filtre Eclairage dont l'ergonomie est indigne d'une société comme Adobe.

NOTRE EXPERT
Frédéric St-Arnaud

Frédéric St-Arnaud est un artiste en effets visuels de 14 ans d'expérience, mettant le focus principalement sur la peinture cache (matte painting ou matte art) de style photoréaliste, les extensions de décors numériques et la conception visuelle dans l'industrie de cinéma. Frédéric a contribué à ce jour à plus de 25 longs métrages, une douzaine de publicités télé et quelques téléséries. Sa filmographie inclus Indiana Jones et le Royaume du Crâne de Cristal, Terminator 4, Le Jour où la terre s'arrêtera, Course à la Mort, Babel, Silent Hill, Sin City, Capitaine Sky et Le monde de demain, Il était une fois au Mexique, Espion en Herbe 2 et 3 et La Boussole d'Or *qui a remporté l'oscar des meilleurs effets visuels 2008.*

Techniques d'extraction

La base d'un matte painting réussi est souvent une bonne extraction des éléments qui le composent : végétation, bâtiments et autres détails doivent être parfaitement séparés de leur fond d'origine pour pouvoir être inclus dans votre toute nouvelle création. Mis à part les sélections complexes et les masques de fusion, vous pouvez également utiliser les couches (Fenêtre> Couches). Repérez la couche présentant le plus fort contraste et les contours les plus nets, dupliquez-la et ajustez-la à l'aide des Niveaux et des outils de Peinture/Sélection jusqu'à ce que l'objet à détourer soit parfaitement blanc sur fond noir. Faites ensuite Ctrl/Cmd+clic sur la miniature de la couche pour en faire une sélection très précise. Masquez cette copie de couche, revenez à la couche RVB (ou CMJN) et au calque ; il ne vous reste plus qu'à copier l'objet !

LÉGER COMME L'ACIER

Du soap-opéra comme nous l'aimons : vaisseaux spatiaux chromés, bruits et fureur.

NOTRE EXPERT
Thierry Maurel

Il m'arrive d'utiliser la 3D pour réaliser des illustrations ou des matte painting pour des courts-métrages. Dans cette optique, j'utilise Hexagon comme modeleur puis Carrara 7 Pro comme renderer et animation non linéaire. Le moteur de rendu y est très bon et, depuis peu, en 64 bits. Pour moi, la 3D n'est pas une finalité en soi ni une recherche hyperréaliste. Je l'aime lorsqu'elle s'inscrit dans un processus me faisant gagner un temps précieux ou parce qu'il existe un réemploi ultérieur des éléments 3D en vue d'autres images. Ici, j'ai transmis mes modélisations au responsable du projet Asuma, pour son court-métrage.

Cette image fait partie d'une série liée à une recherche graphique en cours. Gracieusement, je fais quelques speed painting de SF pour un tout jeune projet : *Asuma*. Il s'agit d'un futur court-métrage se déroulant, lui aussi, dans une galaxie très, très lointaine. J'affectionne tout particulièrement l'univers du soap-opéra ; et là, nous y sommes jusqu'au cou du scaphandre. Pour cette cinquième étude d'ambiance, je cherchais à mettre en scène une “envolée” de vaisseaux préservés jusqu'alors par la géographie d'un planétoïde. Patatrac... en cours de route, mon vénérable ordinateur rendit l'âme (une minute de recueillement s'impose ici). Au bout de dix jours d'attente fébrile pour la livraison de la nouvelle bête signée du fruit croqué, le speed painting eut le temps de muer, dans ma tête, en illustration. Voici donc l'épopée de cette image non moins épique.

01 POURQUOI LA 3D ?

Pour une fois, pas de dessin préparatoire ! Il se trouve qu'en glanant des infos sur le forum d'*Asuma*, une image s'est imposée d'elle-même quelque part entre mes globes oculaires et mon cervelet. J'avais comme ligne directrice de proposer une base de vaisseaux de guerre sortant d'une paroi rocheuse derrière laquelle se dissimulerait une base militaire. L'ensemble se devait d'être démesuré et spectaculaire. C'était un bien beau défi à mettre en images. Je voyais clairement ces vaisseaux émergeant d'un canyon "martien" enkysté de portes métalliques gigantesques. Du fait de la présence de nombreux vaisseaux et des portes, j'ai perçu que la 3D serait ici des plus utiles. Toutes ces formes techniques, répétitives et en perspective seraient plus faciles à aborder une fois dans Photoshop.

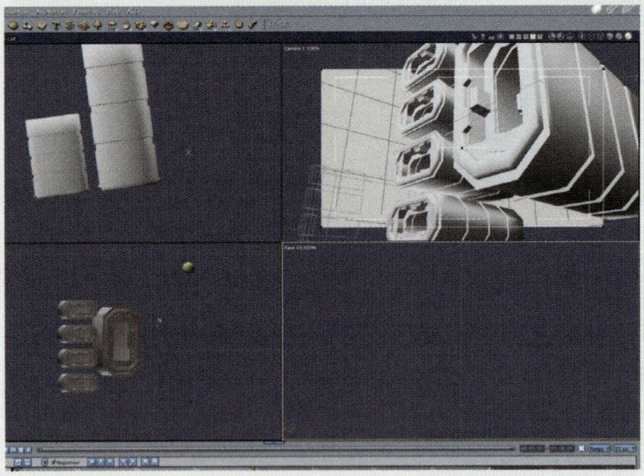

« La 3D permet de choisir aisément une perspective et un cadrage. »

02 MISE EN SCÈNE

Je ne m'étendrai pas sur la modélisation de ces formes simples dans Hexagon. En deux mots, je suis parti d'une polyligne dont j'ai extrudé des surfaces jusqu'à obtenir ces formes basiques. Elles deviendront, dans l'image finale, un complexe de portes pour vaisseaux de guerre. Comme cela est visible à l'image, la 3D permet de choisir aisément une perspective et un cadrage. Rien de plus simple, une fois votre scène disposée (les deux fenêtres de gauche), de placer votre caméra ad hoc avec, ici, l'équivalent d'un objectif grand-angle. Pour ce qui nous concerne, pas de recherche de lumière, de texture ou d'animation car, en final, le rendu sera au trait, comme en architecture, ou en BD. Si on possède un logiciel 3D, autant se faciliter la vie car, en amont, il a requis beaucoup d'heures d'apprentissage et d'essais divers.

03 RENDU NON RÉALISTE

Voici le résultat qui sera exploitable dans Photoshop. Ce type de rendu s'appelle "non réaliste" en 3D. Tout de suite, l'aspect technique du trait transparaît. Il faudra le retoucher forcément mais, déjà, un aspect futuriste très léché est sous-tendu. Le grand-angle et la contre-plongée suggère bien une sorte d'emphase épique. Il semble bien que, dès le départ, je sois dans les clous concernant les besoins du projet *Asuma*. Par ailleurs, ce type de rendu est ultrarapide et permet donc, si besoin, de repositionner la caméra afin d'obtenir une nouvelle vue plus judicieuse. À savoir : cette vue est en réalité la troisième.

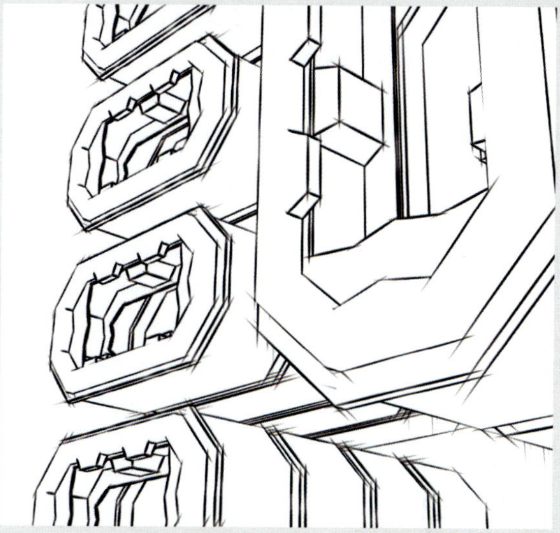

04 SCULPTER LA MONTAGNE

Carrara possède un éditeur de terrain. Késako ? À partir d'une surface carrée, en général, un ensemble de fonctions permet de creuser ou de "monter" la surface initialement plate. C'est comme cela que l'on obtient des décors de type *Star Wars* ou *Avatar*. Ici, je n'ai pas besoin d'une telle sophistication, alors je fais un choix de fonctions puis je tire quelques réglettes, ici et là, et hop ! je positionne le résultat dans ma scène. Il n'y a plus qu'à faire le rendu au trait, avec le préréglage en mémoire. Un conseil cependant : ici, la 3D n'étant pas une finalité, l'idée sera de passer le moins de temps dans les réglages multiples et parfois complexes, même si la tentation peut être forte pour un passionné.

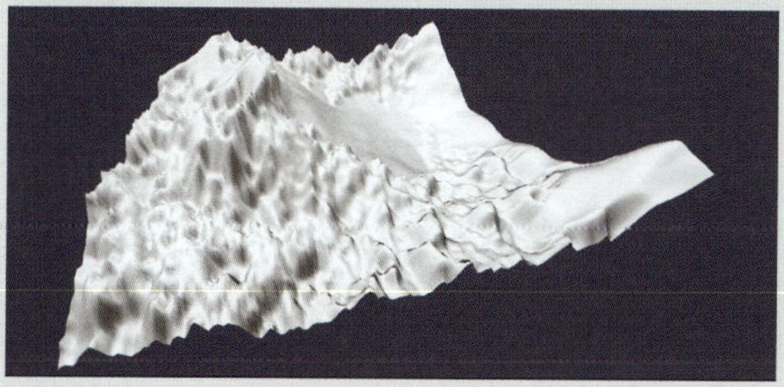

05 ENFIN PHOTOSHOP ! OUF !

J'ouvre Photoshop. Il me suffit d'ouvrir le fichier de rendu de la montagne au trait pour obtenir un fichier aux bonnes dimensions et résolution. Dès la 3D, j'ai pris garde à ce point en choisissant des dimensions de 4 000 par 2 250 pixels à 72 dpi. C'est suffisant pour une impression correcte dans une revue. Dans l'organisation des calques, vous distinguez parfaitement un groupe nommé "repaire" contenant trois calques. Chacun d'eux fournit un rendu au trait : la montagne, les portes et les vaisseaux. L'arrière-plan est blanc car, à ce stade, je n'en suis qu'à la constitution du fichier et à sa structuration. L'expérience m'a appris que nommer les calques et faire des groupes, du départ jusqu'à la fin, semble être la solution la plus efficace, surtout si le nombre de calques s'allonge démesurément.

06 HEXAGON, LE MODELEUR POLYGONAL

Depuis longtemps, je modélise dans Hexagon. C'est un excellent modeleur qui, malheureusement, est en perte de vitesse vis-à-vis de la concurrence. Toutefois, il a de très beaux restes, surtout avec son ergonomie très au point qui en fait un excellent outil productif pour un illustrateur ou matte painter. Par exemple, le vaisseau que vous voyez est, en réalité, un cube trituré avec la technique du box-modeling et agrémenté de formes basiques comme des sphères. Seuls les réacteurs sont un peu techniques par l'utilisation d'une polyligne circulaire extrudée successivement. Pour n'importe quel habitué de la 3D, c'est l'affaire de quelques minutes. C'est une forme brute dont l'intérêt est sa simplicité. Le but, ici, est d'obtenir une forme élégante, futuriste, militaire quasi conventionnelle pour de la SF. En effet, je recherche une ambiance et non un vocabulaire de formes originales.

07 LA 3D : DIFFICILE ET RIGOLO

Ici s'achève la partie 3D, car le dernier rendu au trait, celui des vaisseaux, ouvre directement sur le travail dans Photoshop.
Dans Carrara, j'importe mon beau vaisseau et un autre modèle bien plus gros, dérivé du premier. Je duplique, je dispose et, peu à peu, une flottille apparaît préfigurant un assaut dans un univers lointain de SF. J'aurais pu faire tout cela dans Photoshop et sans la 3D, alors pourquoi ?
D'abord, en procédant de cette manière, les aspects techniques sont parfaits et j'évite de fastidieux tâtonnements, des approximations ou des calculs géométriques. Je peux à volonté, une fois la scène faite, déplacer ou modifier un élément 3D, il sera toujours cohérent dans la scène finale. Enfin, je n'ai pas peur d'en faire trop car je peux tester, avant de migrer vers Photoshop, la crédibilité de l'ensemble. Toutefois, la 3D reste un choix, une opportunité et non un passage obligatoire. J'aime la 3D à titre personnel ; et donc ceci explique aussi cela.

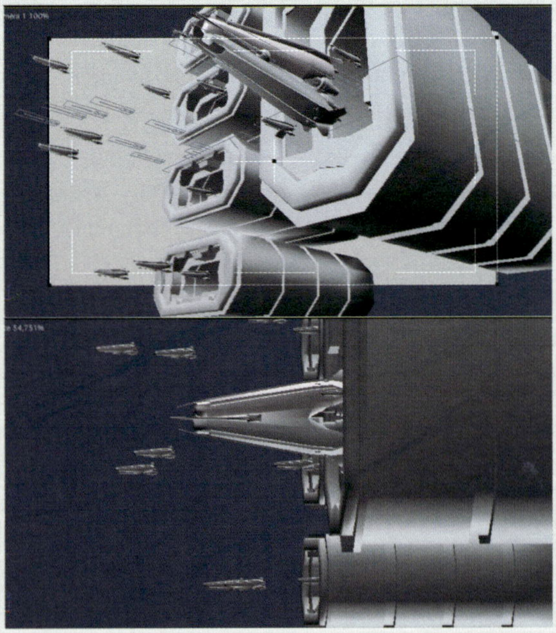

08 FULGUROPOING !

Le rendu au trait est au cordeau mais sans âme. Pour une animation, cela passerait, mais pour une image fixe, le passage dans Photoshop devient vite devenu urgent. Mais avant, encore quelques mots. À ce stade, il est bon, avant de changer d'outil, de faire une pause autocritique afin de repartir du meilleur pied possible. Au départ, j'envisageais une image proche d'un ancien *Star Trek* ou des images du premier *Star Wars* (ép. VI). C'était un pur amusement de ma part mais, en regardant ce tracé, cela m'évoque désormais certains mangas comme *Goldorak* lorsqu'il sortait de sa chute d'eau. Il y avait des plans de ce type bien agréables à l'œil. Par la suite, dans Photoshop et tout au long de la réalisation, j'ai été tiraillé par ces deux univers graphiquement différents. Au final, c'est *Goldorak* qui gagnera aux poings, de peu... Mais il faut être deux pour faire un beau match !

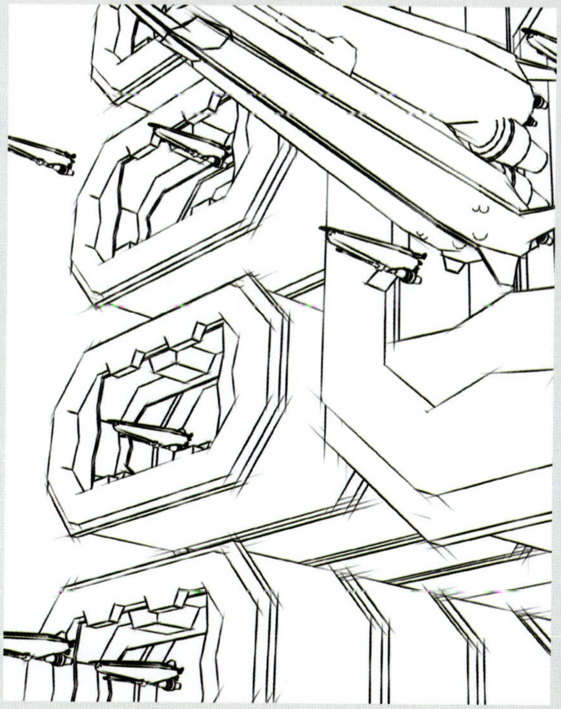

09 MISE EN COULEURS RAPIDE

En passant à Photoshop, ma première opération est de réaliser des aplats, afin d'essayer un premier réglage capable d'ajuster les plans et de décrocher les divers éléments, par souci de lecture optimale. Finalement, les choix colorés permettront d'orienter le climat de l'ensemble plutôt dans les bruns rosâtres "martiens". Il s'agit de rentrer progressivement dans l'image étape par étape en commençant par le début, c'est-à-dire de déterminer une globalité afin d'avoir le loisir de détailler progressivement. L'idée est de pouvoir avancer comme un alpiniste, en s'assurant de ses arrières. Nous verrons par la suite que cette image m'a donné du fil à retordre et que cette sage progression est pour le moins justifiée. Cette étape a toujours l'avantage de permettre des sélections aisées, sous condition que ces aplats correspondent chacun à un calque. Ici, c'est le cas.

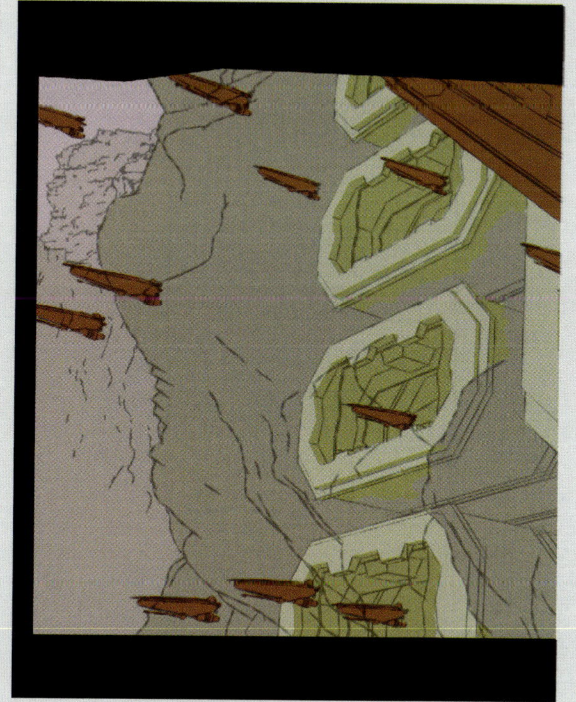

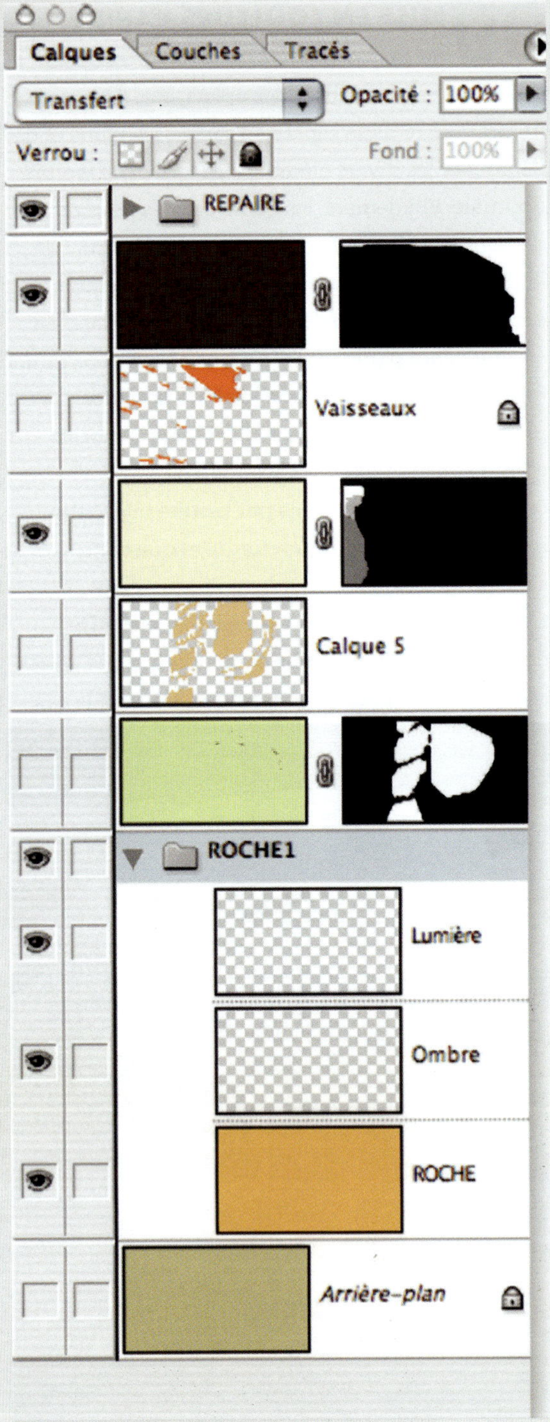

10 COMMENT FAIRE DES APLATS UTILES ?

Déterminer des plans avec des aplats est une chose, mais les rendre utiles tout au long de l'élaboration de l'image en est une autre. Dans cette optique, j'ai jonglé avec deux méthodes : l'une privilégie les sélections rapides et l'autre le repentir. Examinons la structure du fichier dans le Panneau des calques. En haut, il y a un groupe "repères" avec une chouette faute. Celui-ci contient tout ce qui est traits. Il ne nous intéresse pas actuellement. En dessous, des calques n'ont pas trouvé preneur dans un groupe, mais ça ne saurait tarder. Ces calques sont la clé. Le groupe "Roche1" est en devenir et, pour l'instant, nous l'ignorons. Revenons à nos calques alors. Certains sont associés à des masques et d'autres non. Les masques permettent d'avoir un aplat non destructif. Ici, seul le masque est traité avec une sélection au Lasso. Cela permettra de rester dans la lignée de ces formes au cordeau préexistantes, via la 3D. Je remplis de blanc et, par magie, ma couleur de premier plan apparaît en repoussant au loin tout le reste de l'image. Le noir masque l'aplat. À tout moment, je peux modifier mon masque de la manière de mon choix. C'est tout l'intérêt du masque. L'autre solution, comme pour le calque "vaisseau", verrouillé ici, est de faire directement ses aplats sur le calque en laissant des zones transparentes, avec le Pinceau (B) ou le Lasso (L), indifféremment. Plus tard, en cliquant dans ce calque tout en appuyant sur Ctrl/Cmd, il sera possible de faire une sélection automatique. Autre possibilité : en verrouillant la transparence, il sera possible de peindre sans jamais craindre de déborder. Le verrouillage s'effectue en cliquant sur la petite icône de transparence au niveau des différents verrous, dans le Panneau des calques.

11 COMMENCER PAR GROUPER

Revenons au groupe “Roche1” car nous allons voir comment peindre avec Photoshop. Peindre, c’est traiter la lumière avant tout. J’ai donc, dans ce groupe, trois calques susceptibles de la traiter correctement : “lumière”, “ombre” et “roche”.
Ce dernier correspond à un ton local déterminé afin d’évoquer des souvenirs collectifs de vues de canyons, de latérites. Cette manière de procéder est très très ancienne et n’a rien de novatrice. Au contraire, on est dans l’éprouvé. Reste à déterminer un pinceau qui devra simuler la texture de la roche. J’ai une collection de pinceaux récupérés sur le Net et des revues comme celle que vous êtes en train de lire. Comme l’image le montre, j’ai pris la forme G2 dans un répertoire (grunge brushes by Szuia).
J’ai coché la Dynamique de forme et, avec ma Palette, je me suis mis à peindre en démarrant de l’ombre. Pas plus compliqué.

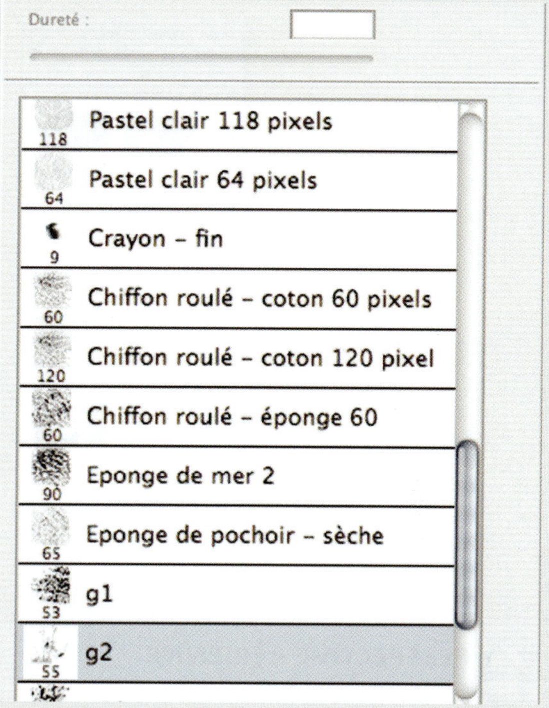

12 FIAT LUX

Clairement, le tracé, issu de la 3D, sert de guide afin de poser rigoureusement la lumière et l’ombre. Ce choix initial se révèle donc payant une fois dans Photoshop. Il ne s’agit pas de respecter mécaniquement mais de tenter de conserver une logique dans cette structure naturelle. Ce n’est pas si facile en réalité.
En général, c’est là où je souffre le plus. Pour tenter de dramatiser, j’ai décidé d’imaginer que la lumière viendrait de la gauche et haut dans le ciel. Plus tard, je pourrai placer des ombres portées fortes et imposantes qui participeront activement à la dramatisation. Elles consolideront aussi les divers volumes. Notons qu’à l’image, seule est déterminée l’ombre dite naturelle sur laquelle viendra se cumuler l’ombre portée. En ce domaine, nous sommes les héritiers directs de la Renaissance et, pour en savoir plus, je vous invite à lire-feuilleter quelques traités de cette époque. C’est passionnant.

13 PERSPECTIVE AÉRIENNE

Sur la gauche de l'image, j'ai bouché l'horizon avec d'autres formes rocheuses afin d'évoquer un massif plutôt qu'une falaise unique. Un nouveau groupe dans le Panneau des calques s'impose : "Roche2". Ici, nous faisons appel à la notion de perspective aérienne. Il s'agit, sans l'aide d'une perspective linéaire, juste par le jeu des tons et des contrastes, de simuler des plans. Les Japonais, je pense, sont les maîtres en ce domaine. La structuration du groupe est identique, mais ici se rajoute un masque sur l'aplat de cette nouvelle zone de montagnes. Ainsi, je ne détruis rien et je me contente d'empiler les groupes et les calques. Jusqu'au bout, je resterai dans ce processus de "sauvegarde". En l'état, l'aspect d'éloignement que devrait donner cette zone de l'image est à peine identifiable. C'est normal, car avec la fonction Niveau (Ctrl/Cmd+L) je pourrai plus facilement faire les réglages de contrastes. Ce sera une nécessité lorsque l'ensemble sera plus avancé.

14 OK POUR LA BASE COLORÉE

Pour la première fois, nous avons une vue d'ensemble de ce que sera l'image finale. Quelques aplats, deux ou trois coups de stylet, un peu de méthode pour les calques et voici notre image qui commence à prendre de la personnalité. Nous avons aussi les indices essentiels à l'image pour sa compréhension. Par exemple, il y a clairement un premier plan, sans doute une partie de porte d'où provient le point du vue. Ce plan projette au loin tous les autres. Les différents vaisseaux donnent des échelles de valeurs, des repères. Enfin, il fait chaud, très chaud, voire un climat hostile. C'est une base au moins secrète et, dans tous les cas, militaire. Le côté "suspendu" des vaisseaux donne quelque chose d'irréel car ils sortent à vitesse lente (parce qu'ils pèsent et sont peu manœuvrable). Dans le cas contraire, il y aurait un filet lié au mouvement, comme il est de coutume en photographie. Ce qu'il n'y a pas à l'image compte aussi, et assez souvent finalement. Voilà à quoi servent les codes graphiques : à lire une image.

15 L'OMBRE DES VAISSEAUX

Afin de réaliser l'ombre des vaisseaux à la vitesse du TGV et sans craindre de faire le tâcheron, je cumule la méthode du masque avec celle de la sélection automatique. Je choisis une couleur foncée plutôt violette et je remplis un calque avec (Ctrl/Cmd ou Alt+retour). Je rajoute un masque noir et la couleur foncée disparaît de l'écran. C'est normal. Je ne veux cette couleur que sur les vaisseaux. Je sélectionne mon calque de couleurs "vaisseaux" et je clique sur l'icône en laissant appuyé sur la touche Ctrl/Cmd. Cela a pour effet de sélectionner automatiquement tout ce qui n'est pas transparent sur ce calque. C'est ce que l'on voit à l'image. Je reviens à mon masque de l'ombre du vaisseau et je remplis de blanc. Comme par magie, ma couleur violette est revenue mais elle couvre tous les vaisseaux. Pas de panique ! Je prends une forme avec un pinceau rond basique et opaque, couleur noire. Là où je le passe, le ton local du vaisseau ressurgit. Ainsi, tout en préservant des modifications futures, j'ai rapidement obtenu des ombres sur un volume. En touche finale, j'ai mis le calque d'ombre du vaisseau en mode Produit et réduit son opacité pour plus d'homogénéité. Ces diverses manipulations sont simples en réalité et aisément reconductibles. L'essayer, c'est l'adopter.

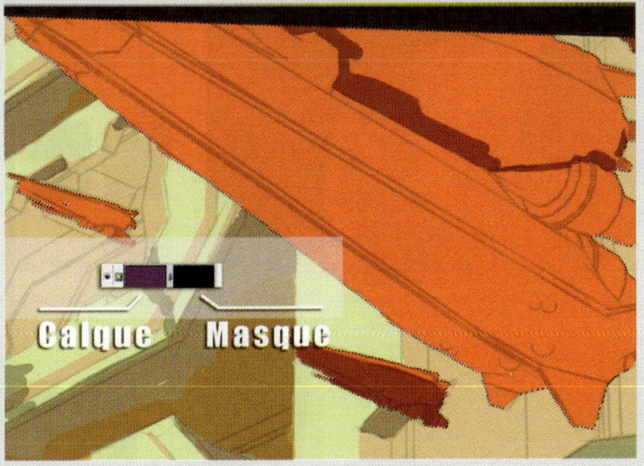

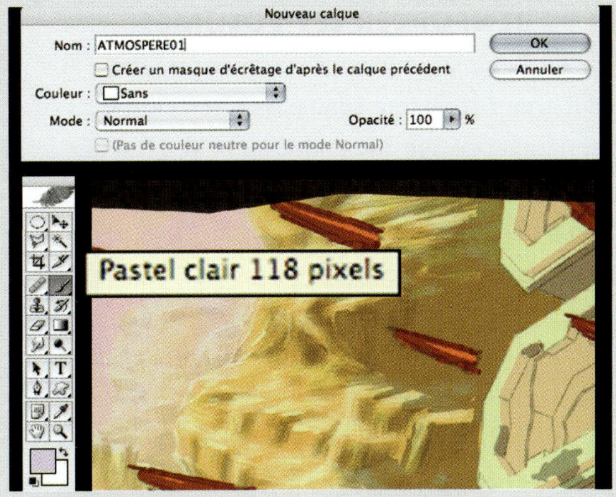

16 ÇA MANQUE D'AIR !

Afin de faire reculer l'arrière-plan, il faut en renforcer sa qualité atmosphérique. Les photographes de paysages savent, ici, de quoi il est question. Les infimes particules dans l'air sur d'énormes distances finissent par atténuer grandement les contrastes, à teinter de manière uniforme, et par voiler les objets lointains, un peu comme un calque qui voilerait une image. Il s'agit donc de quelque chose de léger, proche de l'éther, mais parfaitement distinct. Comment s'y prendre pour simuler cet effet ? Commençons par créer un nouveau calque dans votre hiérarchie, au-dessus de l'arrière-plan. Il suffit de sélectionner le dernier plan du groupe "Roche2" puis d'appliquer le raccourci (Maj+N). Une fenêtre contextuelle s'ouvre et vous la nommez ad hoc. Hop ! voici votre calque en bonne place. Ensuite, je prends le pinceau et choisis une forme par défaut : pastel 118 pixels. En appuyant sur Alt, je pique une couleur du ciel, un violet clair. Je réduis l'Opacité du pinceau à 12 % ; et je badigeonne. J'ai pris garde à bien couvrir le bas de l'image afin de décoller le plan des vaisseaux et imaginer qu'il y a du vide au-delà. L'imagination du lecteur construira le restant, mais il faut aussi lui donner du grain à moudre pour cela.

17 RENFORCER LES VOLUMES

L'image est globalement bien entamée et, sauf erreur, il est tout à fait possible, à ce stade, d'imaginer ce que deviendra, au final, cette image. Pour l'heure, je choisis d'accentuer le modelé du pan rocheux. Je reprends ma forme G2 et reviens dans les différents calques du groupe "Roche1". Avec la Pipette (Alt avec l'outil Pinceau activé), je sélectionne dans les couleurs existantes afin d'affermir lumières et ombres naturelles. Petite astuce : je baisse l'Opacité à 20 % environ et choisis pour cet outil (pas dans les calques) le mode Produit, pour l'ombre, ou le mode Densité -, pour la lumière). C'est une possibilité parmi d'autres. Ici, sans tablette graphique, point de salut...

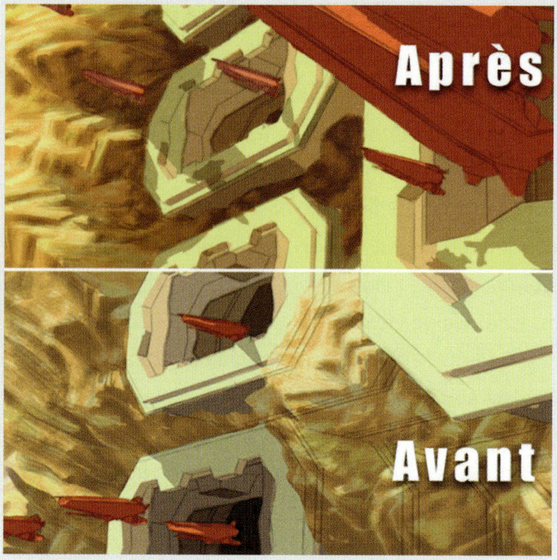

18 CONTINUER À RENFORCER

En retravaillant au Lasso le masque du premier plan, je dessine de manière un peu moins basique cette porte visible partiellement. C'est mieux. Toutefois, la couleur de l'aplat ne distancie pas assez les autres plans. Je décide de changer de couleur : de brique, je compte passer à prune foncé. Je sélectionne mon calque et fais apparaître la fonction Teinte/Saturation (Ctrl/Cmd+U). Je coche "Redéfinir". Ensuite, en jouant sur les tirettes de teinte et luminosité, je détermine un ton qui me va mieux. Pour finir de construire ce bout de porte intérieure, je crée, au-dessus, un nouveau calque avec son masque. Je procède à l'identique de l'étape 09. Ce nouveau calque permettra de crédibiliser la masse sombre en ajoutant du volume intérieur. Le calque n'aura besoin que d'être un peu plus clair et le masque de dessiner les volumes futurs. Il y a un peu de perspective, mais ce n'est pas méchant.

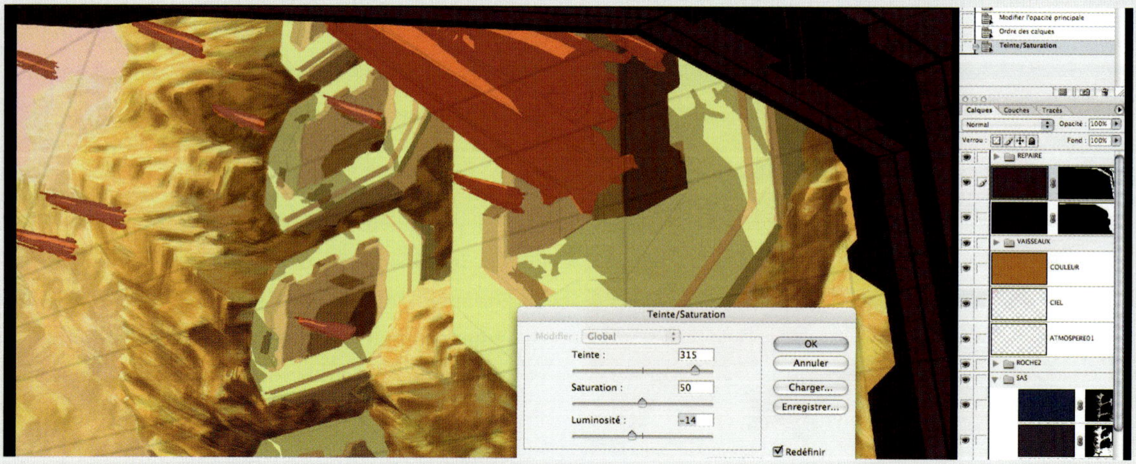

19 DONNER UN PEU DE VIE

Tout cela est bien technique ! Il est alors temps de donner un peu de vie. Afin d'imbriquer plus efficacement la roche aux portes, j'ajoute un élément nouveau : une cascade. Avec du violet clair comme couleur et une forme basique ronde, j'esquisse sur une excroissance rocheuse qui viendra par de multiples traits ricocher sur d'autres saillies rocheuses en contrebas. Ce sera plus pittoresque et animé ainsi. Remarquez au passage combien la roche a changé désormais. Elle est plus “terreuse” et sombre. Elle se décroche franchement du tout dernier plan. L'image semble plus lisible ainsi. La cascade devra être prochainement revisitée pour lui donner plus de crédibilité.

20 UN AUTRE REGARD

À ce stade précis, cela fait dix jours que je n'ai pas revu cette image. Mon vénérable PowerMac G5 ayant rendu l'âme, j'ai dû attendre l'arrivée du Mac Intel. Quand je redécouvre l'image, mon état d'esprit a changé. Je trouve que c'est terne et le dessin mou. Je choisis alors de faire virer l'image vers quelque chose de bien moins réaliste, plus fun, plus animation ou BD. J'abandonne le pinceau G2, je prends alors une forme ronde à 20 % et je redéfinis nerveusement, au scalpel, la lumière de la roche. Le travail précédent n'est pas perdu, il est réorienté. Je change la couleur des portes vers des tons bleutés qui tranchent. Pas bien difficile ! Il me suffit de choisir une nouvelle couleur et de remplir le calque concerné. Pour l'ombre, qui était en mode Produit, je la réchauffe. La fonction Teinte/Saturation suffit. En quelques manipulations simples, l'image est réorientée dans un tout autre esprit. Voilà, c'est l'un des très gros avantages de travailler sur Photoshop.

« En quelques manipulations simples, l'image est réorientée dans un tout autre esprit. »

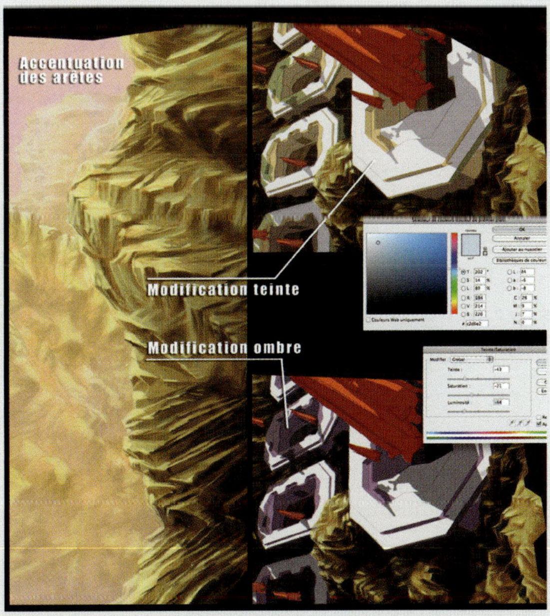

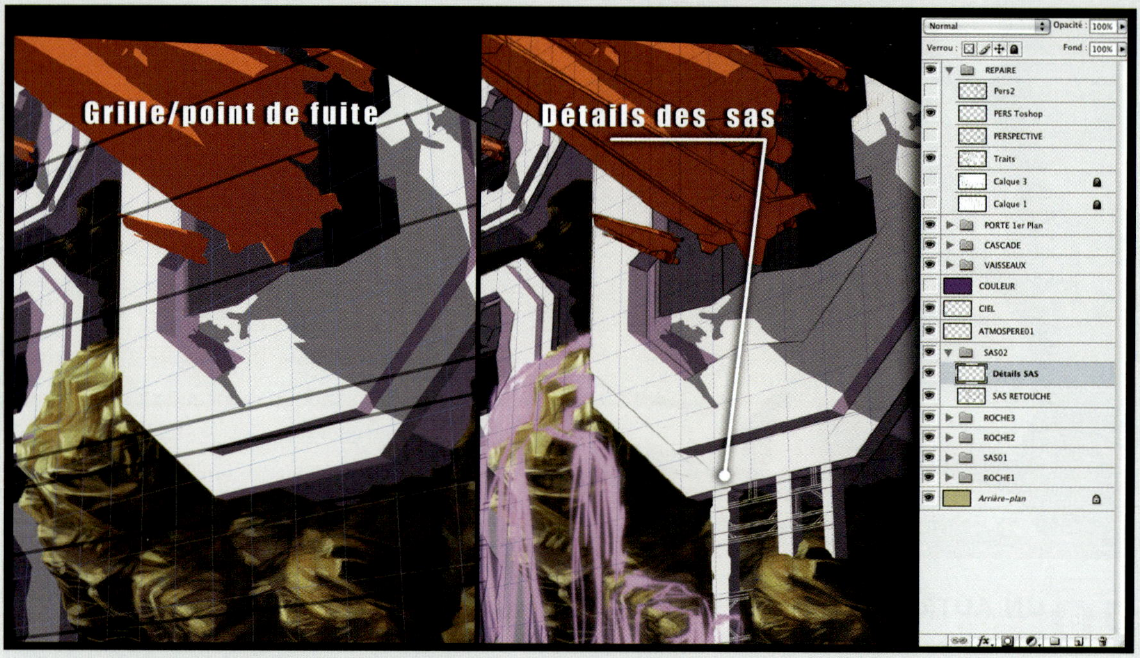

21 INTÉGRER LES SAS À LA ROCHE

Comme vous le voyez sur le panneau Calques, j'ai pas mal avancé et structuré les divers calques et groupes. Techniquement, il n'y a rien de plus que cité plus haut. Dans mon souci de mieux intégrer les divers éléments graphiques, j'ai redistribué et démultiplié l'organisation de manière à pouvoir plus facilement atteindre les divers plans tout en me préservant au maximum des actions sans retour. Mais ici, en réalité, démarre une partie graphique intéressante : l'intégration des portes avec le pan rocheux (groupe "SASA02"). Ce groupe comporte deux calques. L'un sert à retoucher proprement les formes initiales des portes, trop imprécises désormais, et l'autre à faire des excroissances provenant des portes et se mariant aux volumes de la roche. Dans les deux cas, il s'agit d'user du pinceau de la manière la plus basique qu'il soit. C'est carrément primaire à vrai dire.
Il suffit d'une forme ronde dont la première Dynamique de forme est décochée. Cela produit un trait uniforme. Il suffit de cliquer une première fois, d'appuyer sur Maj et de recliquer ailleurs.
Un trait rectiligne parfaitement uniforme apparaît. Le choix de la couleur se fait toujours avec le raccourci Alt (Pipette). Grâce aux grilles apparues avec la CS3, permettant des manipulations pour simuler l'existence de points de fuite, il n'est rien de plus simple pour obtenir des repères en perspective correcte (tracés bleus). Après, c'est juste un jeu de patience et de concentration… C'est assez longuet à faire, mais si simple aussi.

22 TOUT FEU TOUT FLAMME

Des vaisseaux sans flammes ni réacteurs, ce serait une première, et je me garderai bien d'innover en ce domaine. Il existe tout de même des règles à respecter dans la SF. Surtout, c'est très utile à réaliser. N'ayant pas le flou lié au mouvement, j'ai vraiment besoin d'indiquer les translations de tous ces vaisseaux. Les projections de plasma par les tuyères donneront cet indice. Elles accentueront la force de la perspective et, donc, comment ces engins se situent les uns par rapport aux autres. À l'amélioration de la perspective, j'ajoute celle de la compréhension du volume, sans oublier le mouvement. C'est bien payé pour un effet dérisoire à faire. Au sein d'un nouveau groupe "Réacteur", placez celui des vaisseaux, puis je crée deux calques : "aura" et "flammes".

23 LA SIMPLICITÉ AVANT TOUT !

En premier lieu, je reconstruis une nouvelle grille (Filtre> Point de fuite ou Ctrl/Cmd+Alt+V). Je serai certain d'être dans l'alignement des divers vaisseaux pour dessiner leurs traînées respectives (grille bleue à l'image). Sur le calque "flamme", avec le Lasso, je délimite des triangles très allongés sortant de chacun des réacteurs de tous les vaisseaux. Je remplis d'une couleur claire et bleutée. Plus simple, ce n'est pas possible. Dans le calque "aura", avec cette même couleur, je sélectionne l'outil Pinceau (B) et une forme de type pastel. Dans le gestionnaire des formes, je coche Dynamique de forme et Autre dynamique. J'obtiens, par la pression du stylet, le plein, le délié et la transparence conjugués. Je règle l'Opacité du pinceau autour de 20 %. Je brosse rapidement de vagues formes de nuages englobant chaque réacteur.

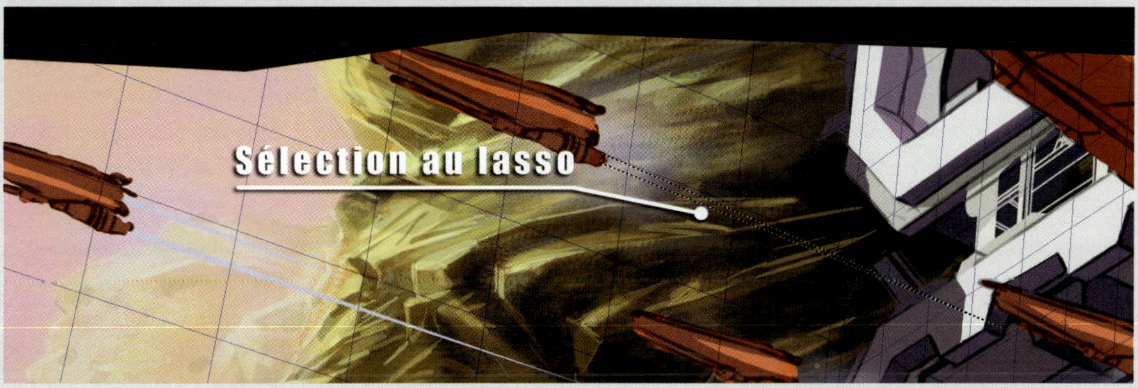

24 AMÉLIORER LA PROPULSION

En l'état, ces propulsions sont peu convaincantes. Il manque l'emploi de quelques filtres et le parachèvement. Pour les flammes, j'ai simplement utilisé le Flou directionnel en respectant le sens général du filé. J'ai rajouté un Flou gaussien des plus classiques, pour mieux intégrer les bords avec le décor. Pour l'aura, un Flou gaussien a suffi. À l'image, il est visible à 2 pixels, mais en réalité il est bien plus fort. J'ai tâtonné et testé plusieurs solutions. C'est tout à fait normal.

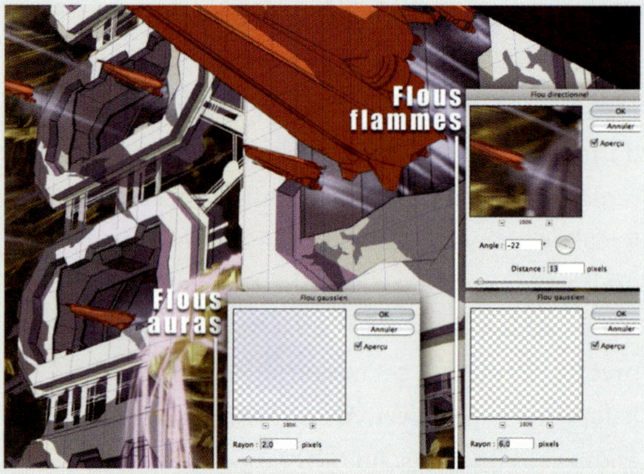

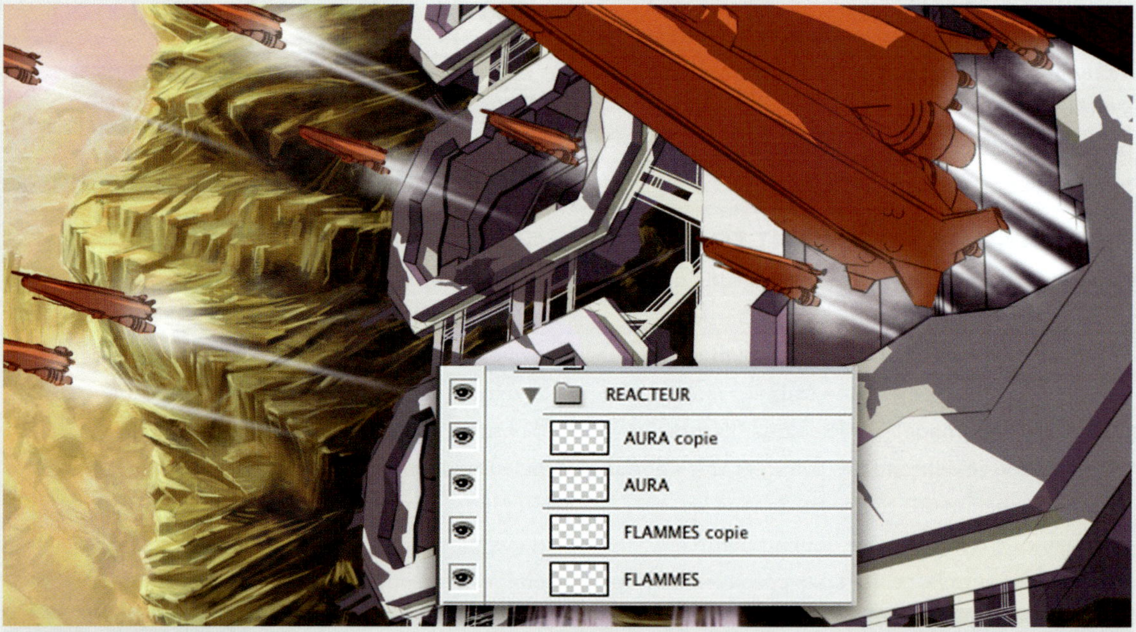

25 TOUCHE FINALE DE LA PROPULSION

Décidément, ça manque de "peps" ! Pas de panique car, grâce à la magie de Photoshop, nous allons améliorer cela en un tour de main. Je copie les calques "flammes" et "aura". C'est parfaitement visible dans l'exemple. Je change leur mode en Incrustation et, enfin, le power est arrivé ! Je constate que l'effet est correct après en avoir réglé l'opacité à mon goût. Toutefois, au niveau des vaisseaux, c'est bien trop découpé. Normalement, une forte lumière mange les formes limitrophes et, parfois, arrive à les faire disparaître. Pour obtenir cet effet de bon aloi, je me contente de déplacer la copie du calque "aura" au-dessus du groupe "Vaisseaux". Pas plus difficile ! Cette fois, c'est bon, nous allons pouvoir passer aux vaisseaux.

26 DÉCORATION DU VAISSEAU PRINCIPAL

La couleur des vaisseaux a changé. Ils sont maintenant plus “nuit” et, d’une certaine façon, plus inquiétants... du moins, c’est ce que j’espère. Je ne développerai pas comment j’ai fait, car l’explication a été donnée un peu plus haut. Passons directement à la décoration. Le gros vaisseau requérait une attention particulière. Je fouille parmi mes formes, car j’ai un dossier nommé “interfaces” qui devrait convenir. Pour la petite histoire, il était fourni dans un des DVD de la revue *Advanced Creation*.
La difficulté consiste à placer ces interfaces d’ordinateurs, considérées ici comme autant de lumières de vaisseaux à la *Star Wars*, en respectant la forme de la carlingue. Depuis plusieurs versions de Photoshop, l’outil Transformation (Ctrl/Cmd+T) s’est doté de courbes de Bézier. C’est-à-dire, concrètement, que les poignées sont accompagnées de tirettes capables de modifier la forme générale selon des courbes. Les habitués de l’outil Plume ne seront pas perdus. À l’image, l’outil Transformation est dans son usage traditionnel, car j’ai usé des deux possibilités selon l’endroit où je déposais mon interface. Il est à noter que chaque interface est sur son calque, à part, dans la couleur complémentaire à la coque.
En touche finale, j’ai aplati ces calques puis, avec la Gomme, supprimé les zones récalcitrantes.

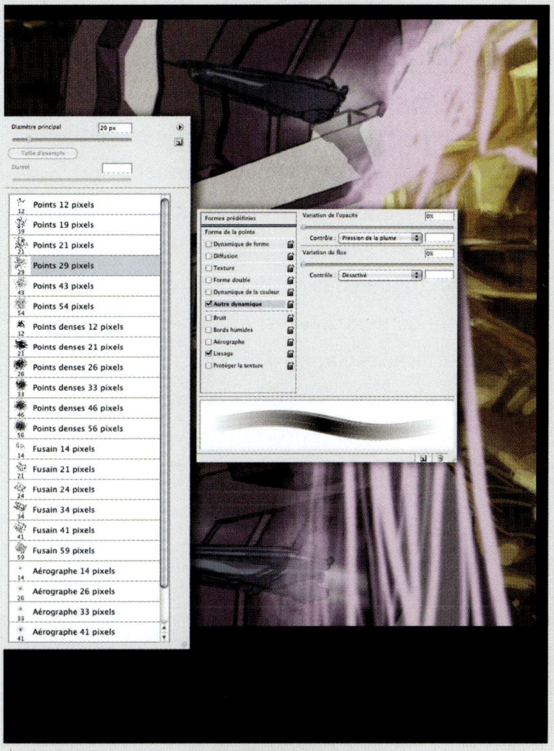

27 ANIMER LA CASCADE

La cascade étant encore au stade d’une simple présence graphique, il est grand temps de lui donner vie. Le but est de souligner les volumes du pan rocheux grâce aux chemins empruntés.
Au final, cela doit rester de l’eau, avec ses reflets et sa vapeur iridescente de cascade. Alors mettons-nous au travail. Sur un calque, au-dessus de celui de la cascade, je compte peindre tout cela. Je choisis l’outil Pinceau et une forme qui, à l’installation, se trouve dans le gestionnaire de formes : Formes d’outils naturelles> Points 29 pixels. En revanche, je modifie ses caractéristiques en choisissant Autre dynamique et son contrôle par la pression du stylet. Au résultat, suivant la pression, la touche sera plus ou moins opaque. Je règle le pinceau à une Opacité générale de 30 %. En peignant, la vapeur et un rideau d’eau apparaissent peu à peu.

28 HOMOGÉNÉISER LES TONALITÉS

La lumière ambiante dans l'image étant plutôt orangée, la couleur de l'eau ne pouvait plus se contenter d'être un code. J'ai passé le calque nouvellement peint sur le mode Incrustation. Cela a tout de suite rendu lumineux l'ensemble de la cascade. Pour varier la tonalité, j'ai cliqué sur l'icône "fx", tout en bas du Panneau des calques. Une fenêtre contextuelle est apparue me donnant accès à certains réglages. J'ai donc choisi une couleur orangée que j'applique à l'ensemble du calque dans le mode Incrustation. Vous voyez le résultat à l'écran. Avec la tirette, il est possible de contrôler la force de l'effet. Ce sont des fonctions usuelles et simples mais, il est vrai, plutôt exploitées par des professionnels. Dans tous les cas, n'hésitez pas à faire vos propres essais.

29 ANIMER LA PORTE DU PREMIER PLAN

À la porte du premier plan, il manquait un peu d'éléments anecdotiques qui rajouteraient de l'humain et préciseraient les proportions de l'ensemble. Un garde sur une plate-forme de vigie me semblait tout indiqué. C'est tout à fait commun dans les jeux vidéo comme dans les films de genre. Alors, lançons-nous ! J'ai opté pour la facilité. Il a suffi d'ouvrir le groupe correspondant, "Porte 1er plan", pour commencer à peindre en blanc, avec le Lasso ou le Pinceau, dans les masques correspondants. Comme par magie, les formes sont apparues au bon niveau et avec la bonne couleur ; et sans crainte de me tromper. Sur un calque à part, j'ai peint grossièrement un garde armé. Avec l'outil Transformation, je l'ai positionné et redimensionné. C'est tout ! L'opération était tellement aisée que je l'ai réitérée plus bas avec quelques variantes.

30 L'AVANT-DERNIÈRE ÉTAPE

Pour préserver le fichier numérique, je fais une sauvegarde en renommant le fichier et en l'enregistrant sous... En l'état, si j'aplatissais le fichier, il serait bon pour l'impression, mais j'ai pris l'habitude de faire une retouche d'ensemble censée "présenter". C'est juste un choix très personnel. Donc, cette fois-ci, j'aplatis le fichier et je le renomme une dernière fois. Ainsi, il devient beaucoup plus léger et conviendra mieux aux menues manipulations qui vont suivre.

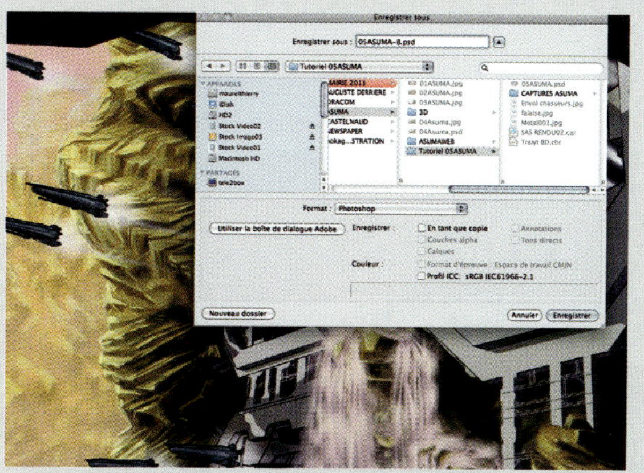

31 FAIRE UN PETIT ÉCRIN

Je duplique le calque deux fois. Celui qui est en haut de la pile, je le passe en mode Produit ... celui de dessous en mode Densité linéaire - (ajout). Respectivement, je diminue l'Opacité de ces calques à 54 et 35 %. En l'état, c'est nettement plus laid. Le mode Produit écrase toutes les ombres et la Densité - sature et éclaire les zones déjà claires. Il manque, pour chacun des calques, des masques ad hoc. Pour le mode Produit, je remplis de blanc le masque, puis je fais une sélection elliptique ayant un très fort contour progressif (disons 80) et je remplis de blanc. La lumière de l'ensemble se concentre désormais au centre de l'image et sur la gauche. Pour le deuxième calque, sur un masque de couleur blanc, j'utilise l'outil Dégradé (G). Il va me préserver la partie gauche des lumières excessives et renforcer celles situées à droite, qui en ont un peu besoin. Voilà des manipulations très simples mais qui sont redoutablement efficaces. L'image est finie !

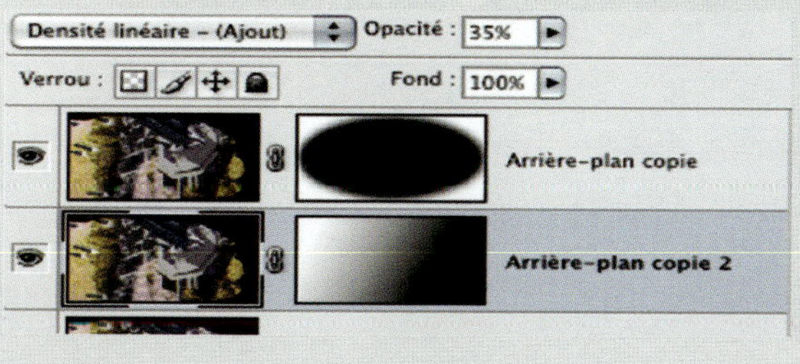

32 C'EST TERMINÉ

Par goût, je rajoute un cadre noir mais, en réalité, c'est superflu. Dans ce tutoriel un peu long, je n'ai pas tout dit. J'ai sauté quelques étapes, mais les parties essentielles sont décrites. De tout ça, je retiendrai que la contrainte de voir cette image après un arrêt de dix jours m'a aidé. Reposer son œil, de toute évidence, cela compte aussi ! Utiliser des méthodes de travail non destructives est le passage obligatoire de sécurité. Là-dessus, Photoshop reste souverain. Enfin, les outils les plus simples sont aussi ceux qui résolvent le plus de cas. Avec quelques outils personnalisés et des méthodes bien comprises, Photoshop autorise un maximum de créativité.

L'ARTISTE
Johann Goutard

Freelance et passionné par le monde de l'image depuis toujours, j'aime apprendre chaque jour de nouvelles techniques. Webdesigner depuis plusieurs années, je gravite aujourd'hui autour de la 3D, de l'animation et du matte painting par le biais du concept design, que j'ai découvert récemment. Mon objectif est simple : progresser! www.graphaddict.com

Séparez vos plans

Grâce à Photoshop et à ses fonctions de calque, il est très facile de séparer une image en différents plans, qui forment un tout cohérent mais peuvent être édités indépendamment. Le fait d'isoler chaque plan ou élément important de l'image sur son propre calque offre une multitude de facilités : la correction indépendante des valeurs et couleurs ; l'utilisation de masques d'écrêtage (Calque> Nouveau masque d'écrêtage) pour peindre avec précision à l'intérieur des limites d'une base unie ; la possibilité de réagencer la composition de l'image tardivement ; la simplification de la création d'un effet de perspective atmosphérique via la réduction de l'opacité d'un plan ; et la liste pourrait encore se prolonger longtemps !

HOBGOBLIN'S HOUSE

Apporter un style fantasy à vos créations en matte painting.

Principalement utilisé dans le cinéma pour réaliser des arrière-plans qui seraient trop longs à concevoir en 3D, le matte painting peut vous servir à développer des ambiances ou encore proposer une illustration plus aboutie. Il peut se révéler intéressant de maîtriser un certain nombre de techniques afin d'enrichir votre image. Toutefois, la finalité est de donner vie à vos idées de la manière la plus réaliste possible. Ce tutoriel vous montrera comment associer des images qui à première vue semblent disparates, tout en proposant une démarche afin de faire de même avec vos propres photos. Le détourage et les réglages colorimétriques seront à l'honneur durant ce tutoriel, tout en mettant l'accent sur l'mbiance de votre scène. Tout au long de l'explication, nous verrons les fonctionnalités de Photoshop CS5. Toutefois, vous devrez installer le plug-in "ExtractPlus" (ce dernier est fourni sur le CD, il vous suffit ensuite de le déposer dans le dossier Adobe Photoshop CS5/Plug-ins/Filters, de votre ordinateur, puis de relancer Photoshop). Il sera indispensable pour effectuer le type de détourage évoqué dans ce tutoriel. Nous essayerons de voir ensemble le processus de création afin d'établir une logique de production, tout en gagnant en efficacité. L'important est de prendre plaisir à réaliser vos images tout en donnant un maximum de consistance à vos idées !

SUR LE CD : Vous trouverez sur le CD les images sources ainsi que le fichier final avec l'ensemble des calques.

NOTRE EXPERT
Thomas Dutertre, *aka Alödâh, réalise différents types d'illustrations tout en utilisant une multitude de techniques (traditionnelles, Photoshop, Illustrator, 3D, etc.). De la création d'un personnage à la réalisation d'un environnement en passant par la conception d'un véhicule, il aime à proposer des univers afin de raconter une histoire. Actuellement illustrateur 2D-3D en freelance, vous pouvez retrouver ses réalisations sur son site www.theartof-alodah.com.*

01 INSPIRATION

Je commence toujours par un petit croquis de la future composition que je souhaite réaliser. Ceci me permet de définir les proportions, les acteurs de la scène et de me donner une idée des différents plans. De plus, à l'instar du story-board qui donne les différents plans et indications au réalisateur, cette esquisse permet de voir quelles photos vous devez faire. En parallèle, une mise en couleur rapide vous permettra de voir les choix colorés à établir en visualisant l'ambiance de la scène finale.

03 EN AVANT !

Pour commencer, créez un nouveau document, Ctrl/Cmd+N puis indiquez une largeur de 35 cm et une hauteur de 60 cm. Précisez 300 pour la résolution et choisissez le mode CMJN si vous faites de l'impression par la suite.

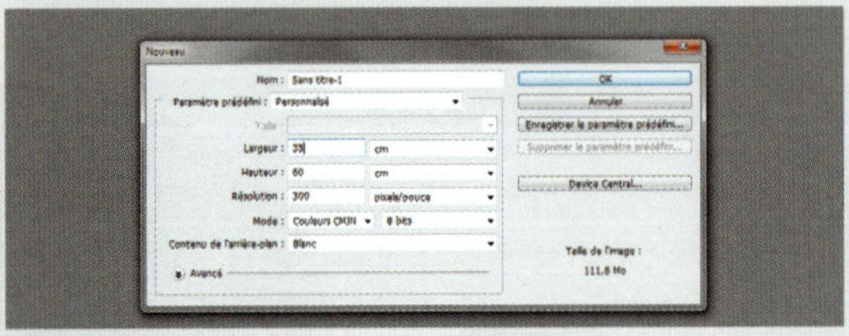

02 PRISE DE VUE

Prenez le temps de bien analyser votre esquisse afin de visualiser ce dont vous avez besoin. Il est important de prendre en compte la perspective de la scène et de bien l'avoir en tête pour chacune des photos. N'hésitez pas à multiplier les clichés, il est toujours agréable d'avoir le choix et ne pas être obligé de retourner sur les lieux.
Il est préférable de faire vos photos lorsque le temps est plus ou moins nuageux afin d'éviter les forts contrastes lumineux. Cela sera plus facile par la suite pour la retouche.

« Il est judicieux de soigner le contour, ce qui permettra de bien fondre les éléments entre eux. »

04 DÉTOURER EN UTILISANT LE FILTRE EXTRAIRE

Tout d'abord, importez l'image intitulée "Tronc" puis à l'aide d'une Transformation (Ctrl/Cmd+T), faites une Symétrie axe horizontal. Faites ensuite Filtre> Extraire. Prenez le marqueur puis détourez de manière relativement précise le contour de l'arbre. Remplissez à l'aide du Pot de peinture puis faites OK.

05 SÉLECTION PAR PLAGE DE COULEURS

Insérez un nouveau calque en dessous du tronc puis donnez-lui une couleur saturée à l'aide du Pot de peinture (G). Celui-ci permettra de bien visualiser le détourage. Revenez sur le précédent calque et faites Sélection> Plage de couleurs, ceci vous permettra d'enlever une teinte. Pour cela, cliquez sur le blanc situé entre les feuillages, optez pour une Tolérance de 180 et appuyez sur Ok.

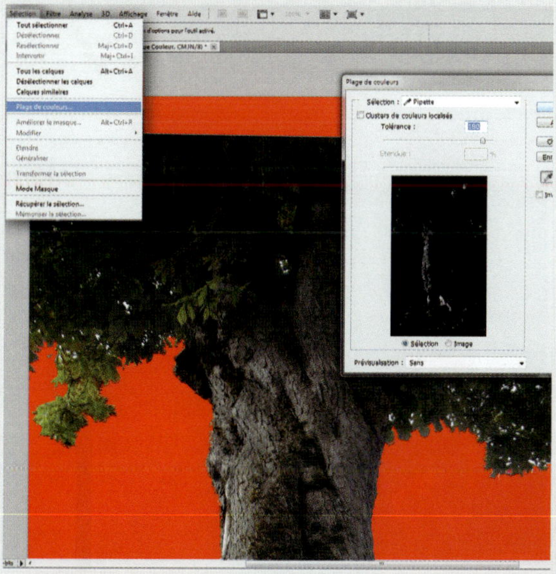

06 AMÉLIORER LE CONTOUR

Il est judicieux de soigner le contour, ce qui permet de bien fondre les éléments entre eux. Allez dans Sélection> Améliorer le contour puis bougez les réglettes afin d'affiner le contour. Pour ma part, j'ai effectué les réglages suivants : 0 px pour Rayon, 2 px pour Contour progressif, 10 % pour Contraste et enfin + 20 % concernant le Décalage du contour. OK validera vos réglages.

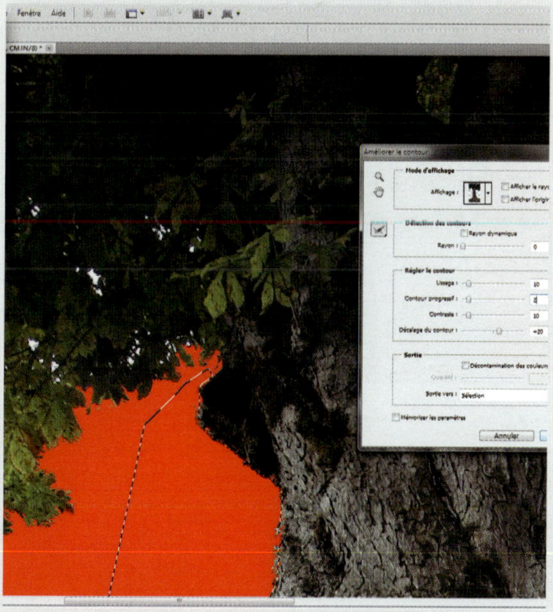

07 CRÉER UN MASQUE

Il est primordial de pouvoir ajuster le détourage à tout moment. Dans ce cas, créez un masque en cliquant sur le cercle accompagné d'un + dans la fenêtre Masque. Ceci prendra en compte la sélection actuelle. Grâce à cette opération et à l'aide d'un Pinceau (B), vous pourrez faire réapparaître l'image en appliquant du blanc ou faire disparaître les imperfections en appliquant du noir.

08 DÉFORMER VIA LA MARIONNETTE

Sélectionner Edition> Déformation de la marionnette créera un maillage sur votre calque. Il vous suffit de placer différents points et de les déplacer afin de modifier la forme du tronc. Dans le but de rendre l'arbre atypique, il est conseillé de donner au tronc une courbure particulière.

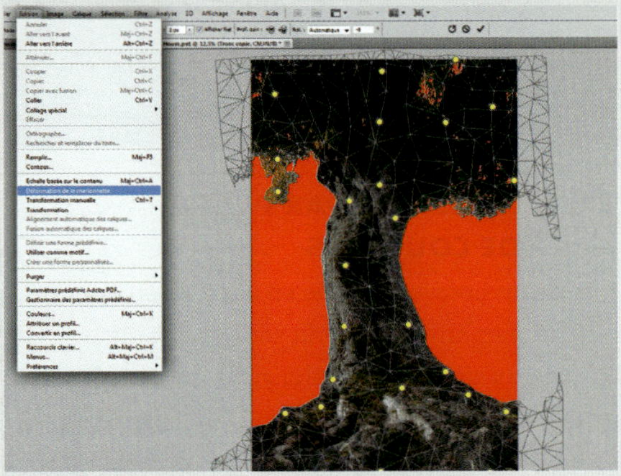

09 CHOISIR LE MODE DE FUSION

Faites glisser sur la composition la photo intitulée "Arbre", puis placez-la au-dessus du calque coloré. Optez pour le mode Obscurcir, ce qui rendra les blancs transparents tout en gardant le contenu des feuilles.

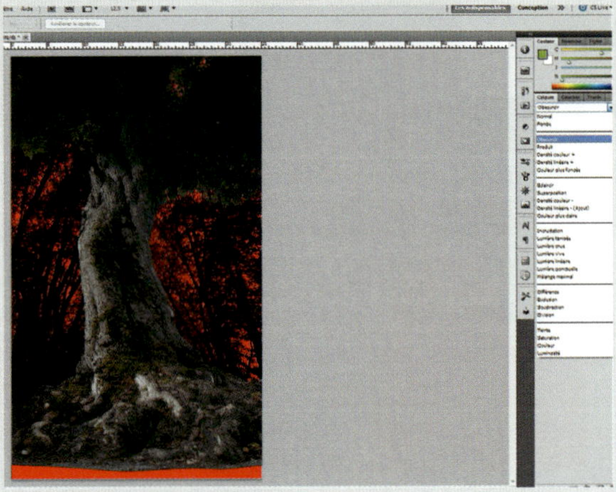

10 TEINTES, SATURATION ET AUTRES RÉGLAGES

Il s'agit maintenant de changer la couleur du fond tout en visualisant en direct ce qui serait le mieux. Pour cela, faites Image> Réglages> Teinte/ Saturation (Ctrl/Cmd+N) puis déplacer les différents curseurs afin d'obtenir une couleur plus verdâtre. Profitez-en pour harmoniser la colorimétrie en vous servant des différents réglages possibles (Luminosité/Contraste, Niveaux, Balance des couleurs, etc.).

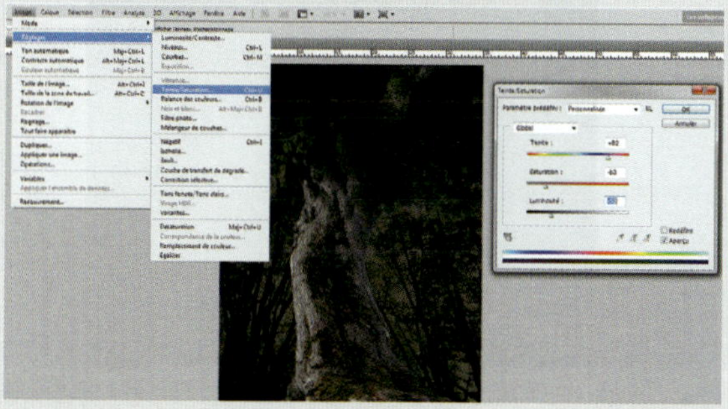

11 CONTRASTER À L'AIDE D'UNE OMBRE

Placez-vous au-dessus du calque du tronc puis créez un nouveau calque. Cliquez en maintenant la touche Ctrl/Cmd sur la vignette du calque "Tronc" afin d'obtenir la sélection du contour de l'image. Prenez l'outil Pinceau (B) avec une forme diffuse et appliquez une couleur sombre sur le côté droit du tronc. Changer le mode de fusion du claque en choisissant Produit.

12 DONNER DU VOLUME AVEC DE LA LUMIÈRE

De la même façon que pour l'ombre, appliquez une couleur orangée sur le côté gauche du tronc puis optez cette fois-ci pour Incrustation dans le choix de mode de fusion. Il est tout à fait possible d'intervenir sur l'intensité du calque en modifiant son opacité.

13 INTÉGRER DES ÉLÉMENTS

Importer la photo "Entree", puis répétez les étapes 04 et 06. Faites ensuite une Transformation (Ctrl/Cmd+T) et sélectionnez Déformation. Cliquez sur les intersections du quadrillage afin de se rapprocher au maximum du galbe du tronc. Terminez en supprimant la porte et en dupliquant le calque (clic droit sur le calque> Dupliquer le calque).

14 CRÉER DE LA MATIÈRE AVEC LA FONCTION REMPLIR

Une fois intégrée l'image "Porte" et après l'avoir intercaler entre les deux calques "Entrée", sélectionnez à l'aide de l'outil Rectangle de sélection (M) la partie où vous souhaitez avoir plus de matière. Allez ensuite dans Edition> Remplir avec contenu pris en compte puis laissez l'ordinateur calculer. Magie, de la matière a été créée à partir de l'image de référence !

15 DUPLIQUER UNE TEXTURE

Il est important de texturer certaine zone de l'image afin de gagner en crédibilité. Utilisez l'outil Tampon de duplication (S) afin de rajouter quelques éléments, comme de la mousse, à l'aide d'une forme diffuse. Maintenez la touche Alt enfoncée sur la zone modèle, relâchez Alt puis cliquez sur les zones souhaitées.

16 AJOUTER DES DÉTAILS

Importez divers éléments, répétez les opérations 04, 05, 06 et 10 si besoin puis placez-les de façon à enrichir votre illustration. L'œil a besoin d'une multitude de détails afin que la transition entre les éléments soit le moins perceptible possible. Utilisez la Gomme (E) pour faire fondre les éléments entre eux.

17 PROFONDEUR DE CHAMP

Afin de donner de la profondeur à votre visuel, il est préférable de travailler sous forme de plan. Travaillez le premier plan et cela aura un impact direct sur le second qui doit être mis en avant. Pour cela, importez la photo "Tronc couche", détourez-la et modifiez-la en vous inspirant de ce que nous avons fait auparavant puis appliquez lui un Filtre> Atténuation> Flou gaussien. Déplacez la réglette pour jouer avec la mise au point.

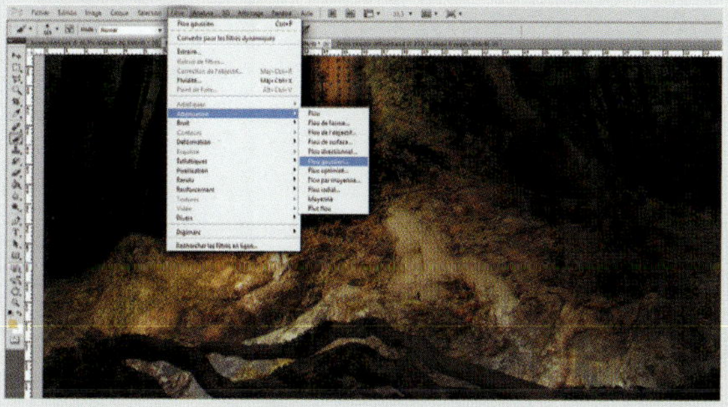

18 RENFORCER L'ATMOSPHÈRE

Pour donnez un peu plus de subtilité à l'ambiance, nous allons simuler un éclairage volumétrique. Créez un nouveau calque puis faites une multitude de points à l'aide de l'outil Pinceau (B) avec une petite forme plutôt franche et de couleur foncée. Allez dans Filtre> Bruit> Ajout de bruit puis indiquez une quantité de 60 % en Uniforme et Monochromatique. Terminez en jouant avec les modes de fusion du calque.

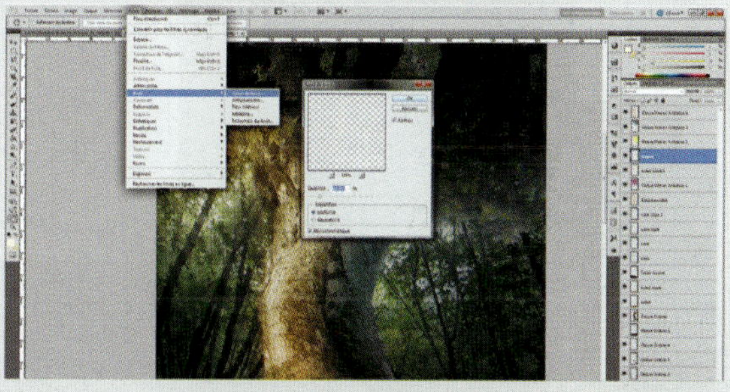

19 LUMIÈRE VOLUMÉTRIQUE

Dans l'optique de renforcer l'éclairage, répétez l'étape précédente en choisissant cette fois-ci une couleur blanchâtre. Puis, sélectionnez Filtre> Atténuation> Flou directionnel. Indiquez un Angle de 60° avec une Distance de 90 pixels. Dupliquez le calque tout en jouant avec son opacité.

20 CRÉER DU BROUILLARD

Toujours pour renforcer l'atmosphère, faites glisser une photo de ciel puis à l'aide de la Plage de couleurs (Sélection> Plage de couleurs), choisissez le blanc du nuage puis inversez la sélection (Ctrl/Cmd+Maj+I). Supprimez en appuyant sur la touche Suppr. Enfin, modifiez-le et dupliquez-le à souhait pour créer une nappe de brouillard au niveau du sol.

L'utilisation de la 3D dans le matte painting

Il est parfois difficile de trouver ce que l'on souhaite exactement. Dans ce cas, il peut être intéressant d'exploiter l'outil 3D pour réaliser ce que nous avons besoin précisément. De plus, cela peut enrichir le processus créatif et permet souvent de rebondir sur de nouvelles idées.

21 SCULPTER UN ÉLÉMENT PRÉCIS DU DÉCOR

Dans ce cas précis, je ne trouvais pas de champignons comme je voulais, j'ai donc décidé de modéliser et de texturer trois champignons pour enrichir ma scène tout en prenant en compte le point de vue générale. Faites glissez le fichier .psd "Champignons". Sélectionnez un champignon puis déformez-le à l'aide de la fonction marionnette (Edition> Déformation de la marionnette).

22 DONNER DE LA VIE À VOTRE COMPOSITION

Le fait de rajouter des lucioles apportera un petit côté vivant à votre image. Après avoir créé un calque et donné quelques coups de pinceaux avec une forme diffuse, faites un double clic sur le calque et donnez-lui un biseautage. Modifiez les paramètres tout en changeant le contour brillant et la couleur des tons foncés.

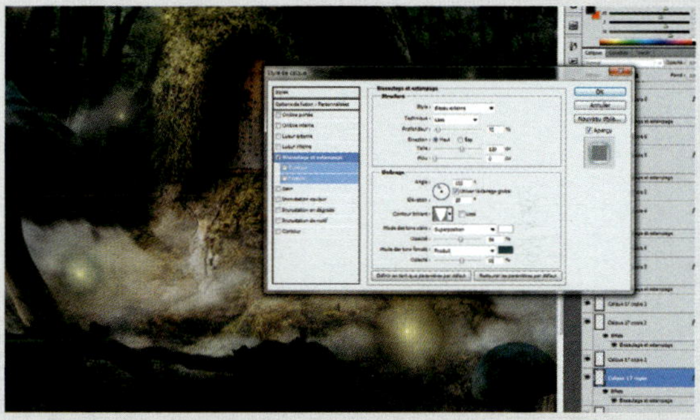

23 ENRICHIR LA COMPOSITION

Gardez en tête de toujours regarder la composition dans son ensemble et ainsi créer un rythme visuel. Dupliquez certains éléments et n'hésitez pas à les modifier pour rendre la scène plus réaliste. Ajoutez une multitude de détails, cela renforcera la qualité visuelle et apportera du récit à votre image. Tout est une question de temps et de minutie mais il est très agréable de voir un univers se construire sous vos yeux.

L'ARTISTE
Johann Goutard

Freelance et passionné par le monde de l'image depuis toujours, j'aime apprendre chaque jour de nouvelles techniques. Webdesigner depuis plusieurs années, je gravite aujourd'hui autour de la 3D, de l'animation et du matte painting par le biais du concept design, que j'ai découvert récemment. Mon objectif est simple : progresser! www.graphaddict.com

Peindre la lumière

Rien de mieux pour sublimer une image qu'un éclairage théâtral avec une forte empreinte visuelle. Lorsque vous avez terminé la base de votre image, ajoutez un nouveau calque en haut de la pile et peignez-y des taches de couleurs claires avec un grand Pinceau doux d'une Opacité de 30 à 50 %. Pour imiter la lumière, vous n'aurez ensuite qu'à changer le mode de fusion du calque sur Incrustation, Lumière tamisée, Superposition ou tout autre mode qui vous semble donner un bon résultat, puis baissez son Opacité ou son Fond. Vous pouvez créer un calque différent par lumière, afin de pouvoir les redimensionner ou les déplacer pour les masquer par endroits. Une autre méthode consiste à appliquer un Filtre photo sur l'ensemble de l'image via Calque> Nouveau calque de réglage> Filtre photo, puis à remplir le masque du calque de réglage avec du noir, pour masquer l'effet, et ensuite à peindre en blanc, avec un Pinceau doux, sur les zones où vous voulez le faire réapparaître. Le calque de réglage peut lui aussi être réglé dans un mode autre que Normal.

LA RUE DE L'ENFER

Recoupez les indices et reconstituez les étapes de cette scène de crime !

Yann Delahaie, alias Eacone, est spécialisé dans la création d'illustrations en peinture numérique sur Photoshop. Dans ce tutoriel, vous allez pouvoir suivre les étapes qui ont permis de créer cette scène de crime avec un soupçon de fantastique. En utilisant vos références d'images, découvrez comment accorder vos photos et la peinture numérique pour créer des lieux et des situations uniques ! Le tutoriel est accessible à tous, néanmoins il est nécessaire d'avoir des bases en dessin pour le réaliser.

SUR LE CD : Vous trouverez sur le CD, au format JPEG, les photos qui constituent le montage de ce matte painting. Ces fichiers utilisables sont disponibles uniquement pour un usage personnel dans le cadre de ce tutoriel.

NOTRE EXPERT
Eacone
Yann Delahaie, AKA Eacone, est un artiste freelance de 33 ans vivant en Auvergne. Ancien maquilleur FX pour le cinéma, il aime à créer des personnages, des scènes de SF ou de fantasy. Il réalise des illustrations pour l'affichage, l'édition et le Web. Vous pouvez voir ses travaux sur : www.eacone.com.

01 BASE DE RÉFÉRENCE

Ouvrez le document "BaseVille" dans Photoshop. Faites Calque> Dupliquer le calque de votre photo, ainsi vous gardez l'original durant la modification. Sélectionnez l'outil Tampon de duplication et appuyez sur la touche Maj pour sélectionner la zone de votre photographie à dupliquer et supprimez au fur et à mesure les éléments trop contemporains de l'image.

02 CHANGER L'AMBIANCE

Dupliquez la photo Calque> Dupliquer le calque puis Image> Réglages> Variantes en Tons moyens, ajoutez Plus de cyan et passez le résultat en mode Produit. Faites de même avec cette fois une teinte plus violette et passez le calque en mode Obscurcir. Sur un Calque> Nouveau> Calque, renforcez les ombres au premier plan avec une forme de pinceau à bord doux. Enfin, sur un dernier calque avec une couleur bleu profond appliquez un dégradé (outil Dégradé linéaire) sur le ciel.

03 AJOUTER LES NUAGES

Ouvrez l'image "Nuage1" du CD. Glissez-déposez-la dans votre composition, passez en mode Lumière linéaire à 65 % d'Opacité. Ajoutez un masque vectoriel depuis le raccourci de la fenêtre des Calques, nettoyez les débords avec une forme de pinceau à bord doux et du noir. Sur de nouveaux calques, égalisez avec la même forme à faible opacité les teintes des nuages. Dupliquez les nuages une nouvelle fois en mode Incrustation avec la Luminosité à + 30 et l'Opacité à 50 %.

04 CRÉER DES SITUATIONS

Pour ajouter de la vie et raconter une histoire au sein de l'image, modifiez les fenêtres, ajoutez-y des lumières à l'aide des formes de pinceau de base, faites de même en dessinant de la fumée sortant de la cheminée, modifiez grâce à Edition> Transformation> Déformation la façon dont elle s'échappe des conduits. Il est important d'apporter de la matière à l'imaginaire du spectateur, gardez cela en tête et posez-vous la question : est-ce que cette partie de l'image répond au besoin de ma narration ?

05 ÉCOULEMENT DE L'EAU

Avec une forme de pinceau à bord doux, dessinez rapidement l'écoulement de la pluie dans la rue avec une couleur bleu clair. Ajoutez un Filtre> Atténuation> Flou directionnel avec pour réglage un Angle de -13° et une Distance de 124 pixels. Passez le calque en mode Produit, et dupliquez en mode Superposition avec une Opacité à 69 %.

06 LES FLAQUES D'EAU

Ouvrez l'image "Plage" du CD. À l'aide de l'outil Lasso polygonal, sélectionnez une flaque dans la photo, détourez-la largement sans vous préoccuper des détails et glissez-déposez-la dans votre composition. Les étapes qui suivent vont vous expliquer en détail comment accorder deux images de teintes différentes et les fondre en une seule.

07 ACCORDER LA PERSPECTIVE

Pour modifier la perspective de la flaque, utilisez l'outil Torsion du menu Edition> Transformation> Torsion. Déplacez les coins du cadre qui apparaissent afin de faire s'accorder la perspective des deux images. Les carrés du milieu sur le cadre de torsion vous permettent d'orienter à droite ou à gauche, en haut ou en bas et indépendamment les côtés de votre image.

08 CORRIGER LA TEINTE

Sélectionnez à l'aide de l'outil Pipette un bleu nuit moyen sur le sol de la rue, puis faites Image> Réglages> Teinte/Saturation et cochez la case Redéfinir : la saturation et la luminosité de votre flaque d'eau s'accordent alors automatiquement grâce à votre couleur sélectionnée précédemment. Voici une petite astuce qui vous fera gagner du temps sur vos compositions.

09 FONDRE LES IMAGES

Pour finir, passez le calque en mode Superposition à 48 % d'Opacité. Dans Image> Réglages> Luminosité/Contraste passez Luminosité à -15 et Contraste à -40. Enfin, ajoutez un masque vectoriel depuis le raccourci de la fenêtre des Calques, et nettoyez avec une forme de pinceau à bord doux et du noir les bords de la flaque.

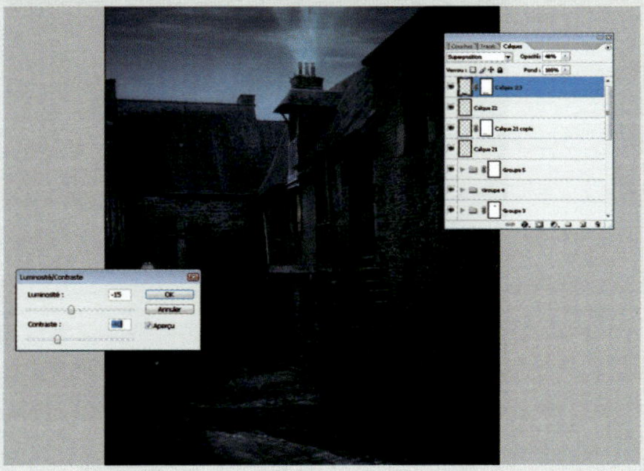

10 PEINDRE DES ÉLÉMENTS

Parfois, vous ne trouverez pas d'éléments photographiques à ajouter à votre matte painting. Il devient alors plus facile de les peindre directement en utilisant les formes de pinceau de base du logiciel sur différents empilements de calques. Pour les réunir une fois votre élément terminé, faites une sélection des calques utilisés puis Calque> Fusionner les calques.

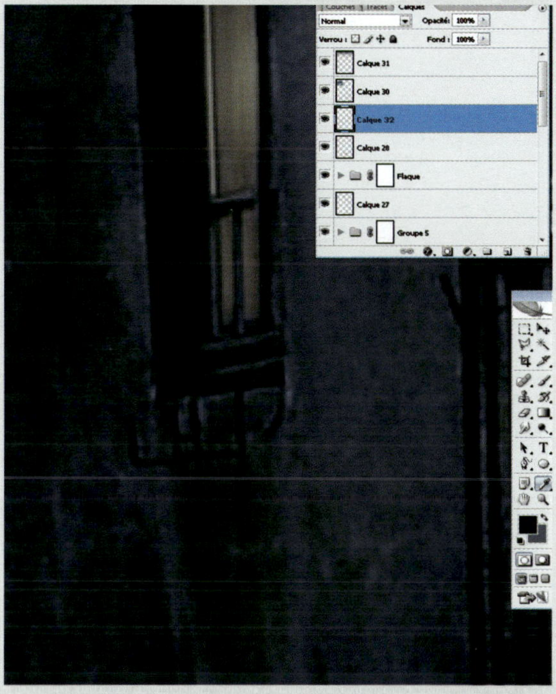

11 MODIFIER LE CIEL

Grouper ces calques devient vite utile. Pour cela, sélectionnez un groupe de calques du même ordre puis faites Calque> Nouveau> Groupe et nommez votre groupe d'après les calques. Ajoutez une deuxième couche de nuage en utilisant l'image "Nuage2" et modifiez la Teinte/ Saturation comme précédemment à l'étape 08. Passez en mode Superposition votre nouveau calque de nuages.

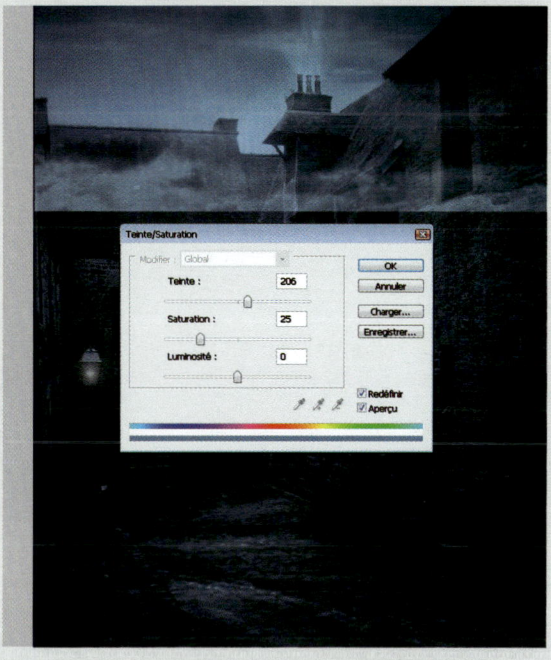

12 CONTRASTE DES ÉLÉMENTS

Avec une forme de pinceau de base 19 peignez le sang rouge qui s'écoule le long de la pente et contraste avec le sol. Vous pouvez à tout moment modifier le Diamètre principal et la Dureté depuis l'onglet Forme de la Barre d'options, vous pouvez aussi en modifier le mode de dessin dans la même barre, vous obtenez alors différents effets avec une même forme et dans un seul calque. Pratique, non ?

13 ORGANISER LES ÉLÉMENTS

Une fois vos différents éléments peints rajoutés à votre photo de base, pensez à fusionner vos calques ! Mais attention à bien organiser vos éléments par type, par exemple : le fond, l'ambiance, le ciel, etc. Vous n'aurez donc qu'à retoucher un type de calque en cas de modifications ultérieures. Enregistrez régulièrement votre document en Titre+Numéro.psd et sauvegardez ainsi vos progressions.

14 LE DÉTAIL QUI FAIT TOUTE LA DIFFÉRENCE

Agrémentez de détails pour ajouter plus de différences avec la photo de référence, et par souci de narration, ajoutez une grille en fond de cour. Pour tracer une ligne droite, utilisez une forme de pinceau, cliquez puis déplacez la forme, maintenez la touche Maj enfoncée et cliquez de nouveau. La ligne droite qui sépare les deux points est tracée automatiquement. Pour l'ombre portée : dupliquez la grille et utilisez Edition> Transformation> Torsion.

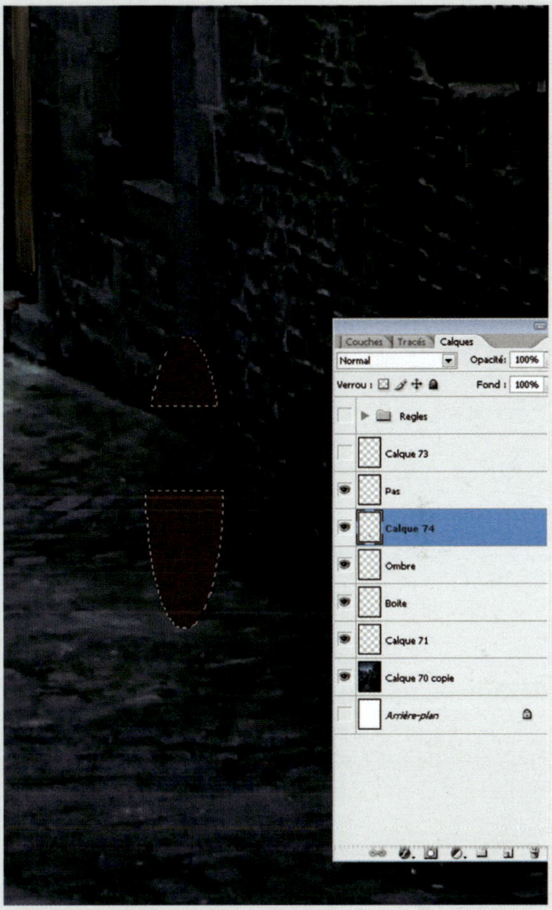

15 MISE EN SITUATION

De la même manière que pour la grille ou l'enseigne, vous pouvez apporter des mises en situation dans votre matte painting. Ici, j'ai ajouté un chat et des boîtes de conserve, cela montre au spectateur que la rue est habituellement "vivante" et cela contribue à renforcer l'atmosphère pesante de la peinture. Vous pouvez alors travailler ces éléments sur des calques à part et réunir le décor sur un seul calque.

16 TRACE DE PAS

Pour dessiner une trace de pas, rien de plus simple ! Dans un nouveau calque, utilisez l'outil Ellipse de sélection, tracez une forme ovale et relâchez la sélection. Sélectionnez maintenant l'outil Rectangle de sélection, puis tout en appuyant sur la touche Alt sélectionnez la partie de l'ovale à supprimer. À l'aide de l'outil Pot de peinture remplissez la sélection d'une couleur. Et voilà une empreinte toute fraîche !

17 LUMIÈRE LUNAIRE

Vous pouvez trouver des modèles de lune sur les sites d'astronomie ou même utiliser votre propre photo, car désormais vous savez unifier les teintes de vos sujets. Pour l'éclat de la lune, appliquez une couleur bleue très claire sur un calque à l'aide d'une Forme de pinceau à bord doux et d'un Diamètre supérieur à celui de votre lune et passez le calque en Mode Superposition. Réglez l'Opacité selon votre goût.

18 DERNIER ENREGISTREMENT

Pour un dernier enregistrement, aplatissez tous vos calques (Calque> Aplatir l'image) et enregistrez votre image Fichier> Enregistrer sous au format de votre choix. Voilà la scène de crime est bouclée et votre image finalisée.

NOTRE EXPERT Pascal Casolari

travaille en indépendant comme illustrateur et peintre. Il a commencé à travailler il y a 20 ans et a débuté le dessin à l'âge de 13 ans. Pour lui : « Tout est possible, il suffit de vouloir et de travailler en s'aidant des maîtres qui nous entourent pour apprendre et apprendre sans cesse. L'observation constante du monde dont nous faisons partie est très importante et nous rappelle que nous ne sommes qu'un modeste petit chaînon. » *Si le cœur vous en dit vous pouvez venir voir ses travaux en visisant son blog sur la peinture numérique : www.pascalcasolari.com.*

Les calques de réglage

Les calques de réglage de Photoshop sont parfaits pour modifier radicalement (ou subtilement) l'ambiance d'une image. Allez dans le menu Calque> Nouveau calque de réglage ou cliquez sur le petit rond noir et blanc en bas du panneau Calques, puis choisissez une des corrections disponibles. La Correction sélective permettra, par exemple, de modifier les couleurs d'une image de façon très ciblée et précise, alors que le Filtre photo modifiera les teintes plus radicalement. Une fois votre effet appliqué, vous pouvez le masquer ou l'atténuer par endroits, en cliquant sur le masque du calque de réglage (rectangle blanc qui est associé à son nom, dans la palette de calques) et en peignant en noir, directement sur l'image, avec n'importe quel outil de dessin ou de peinture de Photoshop. Vous pouvez également atténuer l'opacité du calque de réglage pour atténuer l'intensité globale de l'effet.

APRÈS L'HOMME

Réalisez un matte post-apocalyptique.

Vous êtes-vous déjà demandé ce qu'il adviendrait de nos villes si pour quelques raisons que ce soit l'humanité venait à disparaître ? Dans ce tutoriel, vous allez apprendre à créer dans Photoshop un décor de fin du monde, une ville laissée à l'abandon comme on peut en voir dans de nombreux films de science-fiction. Rodrigue Legris va vous apprendre les techniques qu'il emploie dans la réalisation de ses matte painting. Il est préférable de connaître les bases de Photoshop pour réaliser ce tutoriel comme il se doit. Maintenant place à la création, bon tutoriel !

SUR LE CD : Vous y trouverez les images sources, le psd complet de la composition ainsi que l'image finale.

NOTRE EXPERT
Rodrigue Legris, *alias RodLeg, est un artiste français résidant en Belgique, infographiste print et Web passionné de matte painting. Toujours à la recherche de nouvelles choses à apprendre, il prend le temps de suivre diverses formations en cours du soir. Il réalise également des vidéos de formation gratuites que vous pouvez visionner sur sa chaine Vimeo : www.vimeo.com/rodleg.*

01 TRAVAIL PRÉLIMINAIRE

Tout d'abord, ouvrez l'image Bruxelles.jpg dans Photoshop via Fichier> Ouvrir (raccourci Ctrl/Cmd+O). Enregistrez tout de suite votre document, faites le raccourci clavier Ctrl/Cmd+Maj+S ou allez dans Fichier> Enregistrer sous. Nommez votre document comme bon vous semble et choisissez le format psd. Cliquez sur enregistrer pour valider. Maintenant, dupliquez votre arrière-plan par Ctrl/Cmd+J, renommez-le "ville". Masquez l'arrière-plan en décochant l'œil à côté de la vignette dans le panneau Calques.

« Il est préférable de réaliser votre tracé en débordant un peu sur les bâtiments. »

02 SÉLECTION À LA PLUME

Prenez l'outil Plume (P) pour sélectionner le ciel. Il est préférable de réaliser votre tracé en débordant un peu sur les bâtiments afin d'éviter les pixels résiduels. Une fois votre tracé fermé, faites clic droit puis Définir une sélection, rentrez un Rayon de 1 pixel et validez.

03 AMÉLIORATION DU CONTOUR

Allez dans le menu Sélection> Améliorer le contour (Ctrl/Cmd+Alt+R), Photoshop vous ouvre une fenêtre de paramètres. Contrôlez votre sélection, vous avez ici la possibilité de la corriger. En fonction de votre sélection, modifiez les valeurs au niveau du contour progressif et du décalage du contour. Vous pouvez également cocher la case décontamination des couleurs et entrer une valeur en quantité. Utilisez la fonction Amélioration du rayon et venez peindre sur votre document, notamment au niveau de l'arbre à l'extrême gauche.

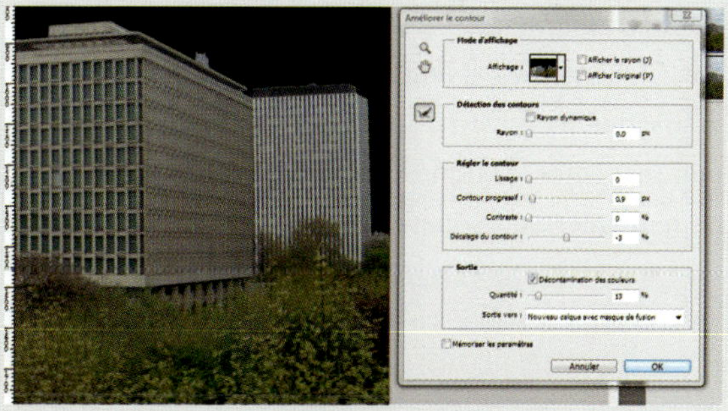

04 CHANGEMENT DU CIEL

Créez un masque de fusion associé à votre calque “Ville” afin de masquer le ciel. Si celui-ci est inversé, faites Ctrl/Cmd+I. Placez-vous sur l’arrière-plan puis allez dans Fichier> Importer et choisissez l’image ciel.jpg. Adaptez la taille de l’image à votre document et appuyez sur entrée pour terminer l’importation.

05 SALISSURES

Placez-vous sur le calque “Ville” et importez l’image texture1.jpg. Créez un masque d’écrêtage en cliquant entre les calques “Ville” et “Texture1” avec la touche Alt maintenue, appliquez un masque de fusion et remplissez-le de noir en appuyant sur D pour remettre les couleurs par défaut puis avec le raccourci Ctrl/Cmd+Suppr. Appliquez au calque “Texture1” le mode de fusion Produit.

06 UN COUP DE VIEUX

Prenez l’outil Pinceau (B), ajoutez les Formes d’outils naturels à votre liste en cliquant sur la flèche. Choisissez par exemple la forme 59, donnez-lui une taille allant de 1 à 12 pixels et baissez son Opacité à 40 %. Peignez avec du blanc sur le masque de fusion du calque “Texture1”. Il vous faut respecter les lignes des bâtiments pour plus de réalisme. Cette étape doit vous prendre un certain temps et n’hésitez pas à travailler en zoomant à 200 %. Une fois ceci fait, baissez l’Opacité de ce calque à 60 %.

07 ENCORE PLUS

Dupliquez le calque “Texture1”, cliquez sur la chaîne le liant au masque de fusion, faites appel à l’outil Transformation avec Ctrl/Cmd+T, dans la barre d’option entrez un angle de 180 ° appuyez sur entrée pour valider. Cette action vous permet d’apporter de la salissure différente simplement et vous pouvez modifier son opacité si cela vous semble judicieux.

08 UNE REMISE À NIVEAU

Afin de modifier la luminosité globale de l’image et commencer à modifier l’ambiance de la scène, vous allez appliquer un calque de réglage Niveaux en RVB avec les valeurs suivantes : 11/0,40/255 et pour les niveaux de sorties : 0 et 255. Pour finir, baissez l’opacité à 60 % et changez son mode de fusion pour le mode Produit.

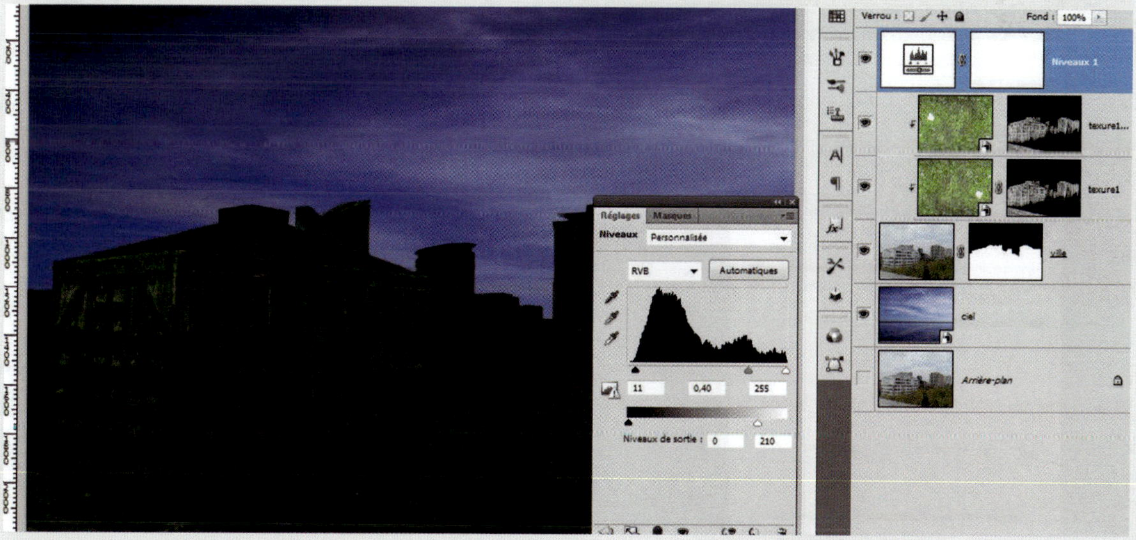

09 LE RÉGLAGE COURBES

Poursuivez l'étalonnage de l'image en créant un calque de réglage Courbes. Baissez la courbe RVB en son centre comme sur la capture et afin d'assombrir davantage l'image mettez ce calque de réglage en mode Incrustation et enfin diminuez son Opacité à 90 %.

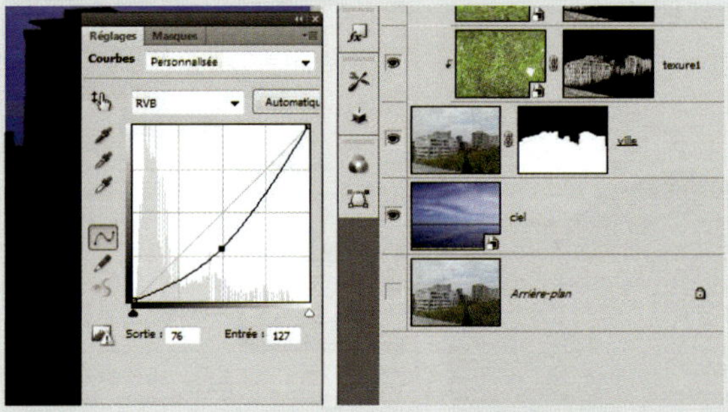

11 TRANSFORMATION DU CIEL

Vous allez désormais modifier le rendu du ciel, pour ce faire, placez-vous sur le calque "ciel" et créez un calque de réglage Teinte/Saturation. Cochez la case Redéfinir afin de modifier la teinte général du ciel et rentrez les valeurs suivantes : Teinte : 40, Saturation : 30, Luminosité : -10.

10 CIBLER L'EFFET

Sélectionnez le masque de fusion du calque de réglage Courbes et remplissez-le de noir, toujours en réinitialisant les couleurs de premier plan et d'arrière-plan en appuyant sur la touche D puis en composant encore une fois le raccourci Ctrl/Cmd+Suppr. À l'aide d'un pinceau rond avec une Dureté à 0% et un diamètre approximatif de 100 pixels, peignez sur les arbres afin de cibler l'application du réglage uniquement sur cette zone.

« Poursuivez l'étalonnage de l'image en créant un calque de réglage Courbe.. »

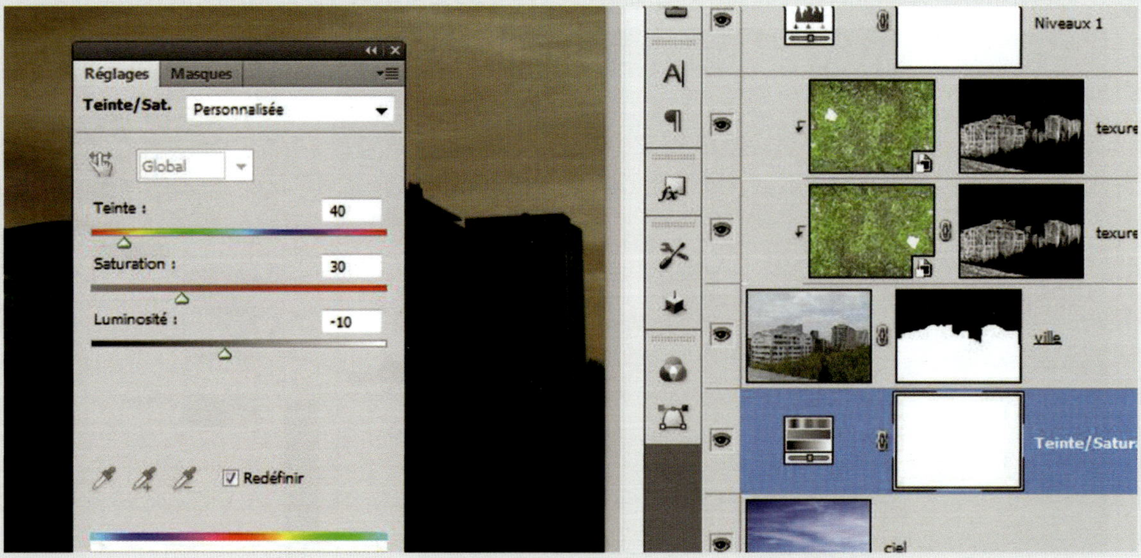

12 SOLEIL COUCHANT

Cliquez sur l'icône de création de nouveau calque en maintenant la touche Alt afin de faire apparaître la fenêtre de paramètres de nouveau calque. Nommez tout de suite ce calque "Soleil", choisissez le mode de fusion Densité couleur - et cochez la case Couleur neutre pour le mode, validez en cliquant sur OK. Prenez l'outil Pinceau (B), choisissez une forme ronde avec un diamètre de 450 pixels, une dureté à 0 % et une opacité à 15 %. Sélectionnez la couleur #F7F2D1 et peignez votre soleil, en baissant si besoin l'opacité du calque.

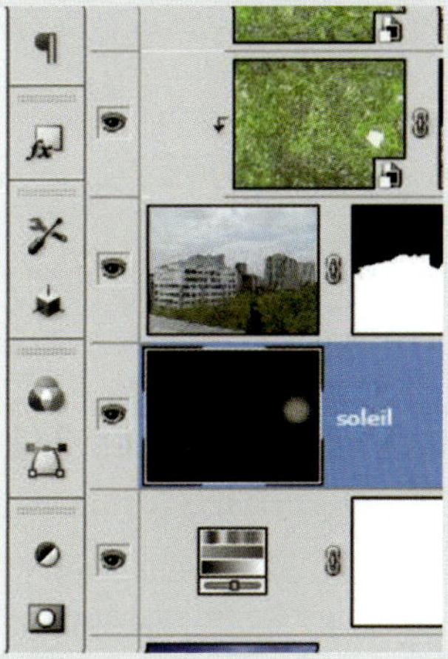

13 AMBIANCE DU CIEL

Recréez un calque du même style que dans l'étape précédente et nommez-le cette fois "ambiance du ciel". Reprenez le pinceau avec les mêmes valeurs et la même couleur mais en changeant l'opacité à 5 %. Appliquez quelques coups de pinceau autour du soleil et dans la partie inférieure du ciel. Choisissez pour finir la couleur #F7C7C7 et peignez d'autres zones du ciel pour ajouter une teinte supplémentaire. Vous êtes libre de sélectionner une autre teinte, mais restez tout de même dans des valeurs colorimétriques suffisamment estompées.

14 LES OMBRES 1/2

La source lumineuse étant placée, il sera maintenant plus aisé d'appliquer les ombres sur l'image. Placez-vous au-dessus du calque "Texture1 copie" et créez un calque toujours en maintenant la touche Alt et en cliquant sur l'icône de nouveau calque. Appelez-le tout simplement "ombres", choisissez ici le mode Lumière tamisée et cochez la case afin de remplir avec la couleur neutre associée à ce mode de fusion, dans ce cas le gris. Validez. Ecrêtez-le au calque inférieur. Utilisez l'outil Densité + avec une Exposition à 30 % en sélectionnant la gamme des tons moyens et assombrissez les zones se trouvant naturellement à contre-jour. Si vous avez des difficultés pour peindre convenablement, je vous conseille au préalable de réaliser une sélection à l'aide de l'outil Lasso polygonal (L) pour ne pas déborder.

> *« Il est conseillé de zoomer jusqu'à 200 % afin de pouvoir rentrer dans les détails. »*

15 LES OMBRES 2/2

Si certains bâtiments vous paraissent encore trop lumineux, dupliquez le calque "Ombres" puis appliquez-lui un masque de fusion rempli de noir et peignez avec une opacité relativement basse pour révéler les parties que vous souhaitez assombrir davantage. Certaines zones à contre-jour sur le bâtiment de gauche peuvent en avoir besoin.

16 HAUTES LUMIÈRES

Maintenant, vous allez passer à la peinture de la lumière, sélectionnez le calque "Ville" et créez un nouveau calque qui s'affichera automatiquement écrêté, choisissez encore une fois le mode Densité couleur - et remplissez de noir. Reprenez un pinceau d'une dizaine de pixels avec une Opacité de 9 %, sélectionnez la couleur #F3EAD0 et peignez les hautes lumières sur les parties des immeubles exposées au soleil.

17 LES DÉCHETS

Créez un nouveau calque que vous nommerez "déchets". Vous allez vous amuser à peindre des éléments tombants des bâtiments. Sélectionnez l'outil Pinceau avec une forme ronde et une Opacité à 80 % et faites varier le diamètre entre 1 et 8 pixels. Pour la peinture d'éléments comme ceux-ci, il est conseillé de zoomer jusqu'à 200 % afin de pouvoir rentrer dans les détails. Une fois la peinture de vos déchets terminée, utilisez les outils Densité (O) afin de leurs donner des ombres et lumières pour les intégrer au mieux à la composition.

18 CONTRÔLE DE ROUTINE

Avant de finaliser votre image vous allez vérifier qu'il n'y a pas d'incohérence flagrante. Pour ce faire, inversez votre image (Image> Rotation de la zone de l'image> Symétrie horizontale de la zone de travail). Cette méthode permet d'avoir un point de vue différent sur votre travail et de peut-être trouver certains défauts qui vous auraient échappés. Profitez également de cette étape de vérification pour ranger vos calques dans des groupes. Vous pouvez également modifier l'opacité de certains calques de réglage afin de changer atmosphère de votre scène. Avant de passer à la suite, redonnez à l'image son sens initial.

19 DYNAMISME ET FINALISATION

Pour finir, vous allez accentuer les détails de l'image. Placez-vous sur le calque se trouvant tout en haut de la pile et faites le raccourci clavier Ctrl/Cmd+Maj+Alt+E pour créer une copie de tout vos calques fusionnés. Une fois ce calque créé, dupliquez-le avec Ctrl/Cmd+J puis placez ces deux calques dans un groupe nommé "dynamisme". Mettez le "calque 1" en mode Incrustation. Appliquez au "calque 1 copie" le filtre Flou de surface (Filtre> Atténuation> Flou de surface) en entrant les valeur suivantes : Rayon : 80 pixels, Seuil : 16. Cliquez sur OK pour valider, puis créez un négatif de ce calque avec le raccourci Ctrl/Cmd+I et passez le mode de fusion de ce calque en Lumière vive. Il ne vous reste plus qu'à baisser l'opacité générale de ce groupe à 35 % et à lui appliquer le mode de fusion Incrustation.

L'ARTISTE
Johann Goutard

Freelance et passionné par le monde de l'image depuis toujours, j'aime apprendre chaque jour de nouvelles techniques. Webdesigner depuis plusieurs années, je gravite aujourd'hui autour de la 3D, de l'animation et du matte painting par le biais du concept design, que j'ai découvert récemment. Mon objectif est simple : progresser! www.graphaddict.com

La perspective atmosphérique

La perspective atmosphérique est un phénomène que nous avons tous constaté par l'observation sur le terrain ou sur photographie. Les particules de diverses natures en suspension dans l'air (humidité, poussière, gaz, pollution, etc.) forment un voile plus ou moins opaque qui interfère avec la lumière ambiante. Le résultat est une altération de la visibilité des objets, en particulier dans la distance. Reproduire ce phénomène donnera plus de réalisme à vos matte paintings "en extérieur". Les objets les plus éloignés seront moins contrastés, plus clairs, moins saturés, souvent un peu bleutés, leur niveau de détail sera plus faible et leurs contours moins nets. Au contraire, les éléments de premier plan apparaîtront contrastés, saturés, nets, détaillés. C'est cette différence de traitement entre les objets proches et éloignés qui donnera une impression de profondeur convaincante à l'image.

SUR LE CD : Vous trouverez le fichier psd, l'image fond simple, l'image bâtiment, l'image feu. L'objectif du tutoriel est d'apprendre l'intégration de différents éléments pour réaliser un plan de matte painting. Il vous faudra environ 2 ou 3 heures pour le terminer.

NOTRE EXPERT
David Slaager
est un graphiste freelance actuellement basé à Bruxelles. Depuis 2009 il a lancé sa société de Webdesign (www.dasmuse.com) dans laquelle il s'occupe essentiellement du graphisme et de l'ergonomie de sites Web. En dehors de cela, il continue d'autres projets artistiques plus personnels sur www.davidiscreative.com et anime également son site de formation en ligne www.betheking.org.

MATTE RÉALISTE

Réalisation d'un plan de face.

L'art du matte painting est long et demande beaucoup de pratique, nous allons voir ici comment transformer et assembler des images pour parvenir à une scène apocalyptique. Ce tutoriel est avant tout une introduction aux différentes techniques. Il existe de nombreuses manières de parvenir à un résultat. Sachez trouver votre voie et vos astuces pour transformer habilement la réalité.

01 OUVERTURE DU DOCUMENT "PAYSAGE.JPG"

Ouvrez Photoshop et importez la photo "paysage. jpg". Nous n'allons garder de cette image que le ciel et les dunes du premier plan. À ce stade, nous avons du mal à imaginer que ce très beau paysage deviendra un endroit très peu recommandable.

02 DÉTOURAGE DU PREMIER PLAN

Nous allons isoler la première partie de l'image à l'aide de l'outil Lasso polygonal (L). Avec un bord progressif de 2, nous allons tracer grossièrement les contours des dunes. Ne soyez pas trop pointilleux sur les éléments végétaux de gauche. Faites un clic droit dans la sélection et choisissez "Dupliquer le calque". Renommer votre calque "dune".

03 INTÉGRATION DU BÂTIMENT

Ouvrez le document "usine.jpg" et glissez-la dans votre scène principale entre l'image de fond et les dunes. Positionnez de manière à ne pas afficher les réverbères de droite, laissez dépasser légèrement le graffiti qui ajoutera une atmosphère d'abandon.

04 DÉTOURAGE DU BÂTIMENT

Sélectionnez l'outil Lasso et détourez le haut du bâtiment. Cette fois-ci, choisissez un bord progressif de 0.

05 DÉTOURAGE DE LA PREMIÈRE VUE DU BÂTIMENT

En matte painting, il est important de dissocier les différents points de lecture surtout si celui-ci est destiné à être utilisé dans After Effects. Nous allons détourer la partie supérieure de l'élément.

06 RECTIFICATION DE LA PERSPECTIVE

Nous travaillons ici sur un plan plat, nous allons donc rectifier l'inclinaison du bâtiment supérieur. Ajoutez un repère pour avoir une ligne droite. Appliquez ensuite une Transformation manuelle (Ctrl/Cmd+T). Modifiez la perspective en sélectionnant un coin de votre sélection et maintenez la touche Ctrl/Cmd enfoncée, et ensuite amenez le point vers le repère.

07 DÉTRUIRE

À l'aide de l'outil Lasso polygonal, nous allons creuser un trou dans la partie supérieure du bâtiment. Tracez grossièrement un trait d'environ deux étages de hauteur puis supprimez l'intérieur.

08 RELIEF

Nous allons ajouter une fine texture pour donner légèrement du relief. Dupliquez la partie supérieure du bâtiment et faites une sélection manuelle pour redimensionner le bâtiment vers l'intérieur. Appliquez la nouvelle taille puis appliquez un effet de couleur avec l'outil Courbes (Ctrl/Cmd+M) et baissez la courbe de manière à saturer les couleurs dans les tons forts contrastés plutôt sombres.

09 STRUCTURE DE MÉTAL

Attaquons-nous à la structure métallique de la structure. Lors d'une explosion, on voit assez souvent des structures métalliques qui sortent du béton démoli. Sélectionnez l'outil de formes vectorielles Rectangle et commencez à tracer des traits sur la structure. Dupliquer-les à intervalle régulier. Fusionnez les calques, tracez avec le lasso un second trou plus petit que le premier.

10 AJUSTEMENT DE LA STRUCTURE MÉTALLIQUE

Faites une sélection de quelques branches et ajustez l'angle. Faites-le plusieurs fois sur certaines branches et effacez d'autres traits pour alléger l'ensemble. Faites de même pour des traits verticaux. Terminez par appliquer un Flou d'un rayon de 0,4 pixel.

11 ABÎMER

Créez un nouveau calque. Sur le contour du trou, commencez à dessiner des points avec la Plume à bord doux avec un diamètre de 18 px. Faites-en de manière irrégulière sur le contour. Finalement, avec l'outil Doigt, faites des tracés vers le bas. Lorsque vous êtes satisfait de votre coulée, appliquez un masque d'écrêtage. Baissez l'Opacité du calque à 41 %.

12 ASSSOMBRIR LE TROU

Avec l'outil Plume (bord doux et de diamètre 48 px), coloriez grossièrement le trou ainsi que les parties supérieures. Diminuez l'opacité et faites également un masque d'écrêtage.

13 LE FEU SUR DES FENÊTRES

Nous allons maintenant faire sortir du feu des fenêtres. Ouvrez le fichier "Feux.jpg" et faites un détourage grossier d'une partie de flamme. Nous allons la modifier donc il ne faut pas être pointilleux du tout sur le détourage.

14 LA FENÊTRE

Choisissez une fenêtre au hasard, détourez-la avec le Lasso et un bord progressif de 2 px. Colorez-la en noir sur un nouveau calque.

15 LE FEU

Faite glisser votre flamme sur la fenêtre, ajuster la taille avec l'option Ctrl/Cmd+T. Utilisez la Gomme avec différents diamètres pour gommer par-ci, par-là des flammes. Terminez en utilisant l'outil Doigt pour tirer certaines parties de la flamme.

16 NOIRCIR LES CONTOURS

Ajoutez maintenant des bords assombris autour du feu. Procédez de ma même manière que pour les contours du trou, c'est-à-dire en faisant des points avec la Plume. Utilisez l'outil Doigt pour faire des filets de noir et diminuez l'opacité du calque. Sélectionnez les différents calques et ajoutez-les à un dossier que vous allez nommer "Flamme".

17 FENÊTRE SUR FOND CIEL

Dupliquez le groupe et déplacez-le sur une fenêtre du trou. Ici, vous pouvez supprimer le calque noir de traînée. L'astuce pour rendre le feu plus transparent sur le ciel est de gommer davantage les bords qui sont noirs sur le calque du feu et de dupliquer ce calque plusieurs fois pour accentuer la flamme.

18 DUPLIQUER LES FLAMMES

Reproduisez les étapes de flammes plusieurs fois de manière à prendre d'autres parties de flamme pour avoir des départs de feu différents.

19 PROFONDEUR DE CHAMP

Sélectionnez le calque du haut du bâtiment. Nous allons lui appliquer un Flou gaussien (Filtres> Flou> Flou gaussien) de 0,7 pixels. Appliquez également un Flou gaussien de 1,0 pixel sur les barres de construction et baissez l'Opacité du calque à 62 %.

20 DÉCALAGE DE PREMIER PLAN

Créez un nouveau calque en dessous de "dune" et à l'aide d'une forme à bords doux de diamètre 50 px, faites des épaisseurs différentes pour détacher les dunes du bas de l'usine.

21 RECTIFICATION COLORIMÉTRIQUE

Maintenant, nous allons rectifier la couleur de notre scène. Dupliquez tour à tour les calques "dune", "haut d'usine", "bas d'usine", "paysage" et passez-les en noir et blanc (Image> Ajustements> Désaturation). Baissez ensuite l'Opacité des calques à 50 %. De cette manière, nous avons désaturé les éléments principaux de moitié. Seules les flammes restent dans les tons vifs.

22 AJUSTER LA COULEUR

Créez un nouveau calque de réglage Balance des couleurs au-dessus de tous les calques. Choisissez les valeurs de ton moyen : Cyan / rouge + 94 – Magenta / vert -18 et jaune / bleu – 61.

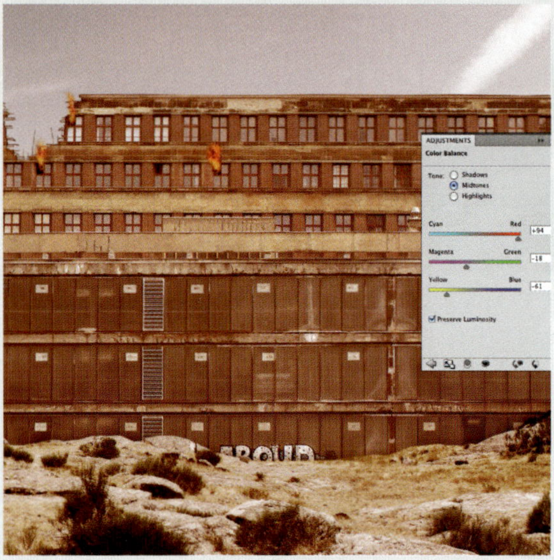

23 LUMINOSITÉ GLOBALE

Par-dessus, ajoutez un nouveau calque de réglage Saturation. Choisissez les valeurs suivantes : Teinte : -13, Saturation : -11, Luminosité : - 52. Sur le masque du même calque nous allons effacer les points centraux de manière déstructurée. Prenez l'outil Dégradé radial de noir vers blanc et dessinez différents cercles (ici en rouge).

24 CIEL DRAMATIQUE

Pour ajouter une profondeur dramatique à notre scène, nous allons créer sur un nouveau calque un dégradé de noir vers transparent du haut vers le bas. Placez le calque en dessous des calques de réglages mais au-dessus du reste de la scène. Baissez l'Opacité du calque à 57 %.

25 SOL ABÎMÉ

Sur un nouveau calque, dessinez avec une Forme à bords doux et d'un diamètre de 50 px des formes comme des chemins. Ne soyez pas régulier. Appliquez un Flou gaussien de 50 et baissez l'Opacité à 50 %. Ajustez ensuite avec la Gomme.

26 POINT DE LUMIÈRE

En dessous de l'usine du haut créez un nouveau calque et faites un dégradé radial de blanc vers transparent pour apporter une nouvelle source de lumière et par la même occasion surprendre davantage la lecture de l'image. Profitez-en pour ajuster l'opacité de notre échafaudage.

27 PSEUDO TILT SHIFT

Nous allons maintenant jouer avec le flou global de notre image. Pour cela, faites une copie de toute votre image sur un nouveau calque (Ctrl/Cmd+A pour tout sélectionner, Ctrl/Cmd+Maj+C pour copier puis Ctrl/Cmd+V pour coller). Appliquez un flou de 6,6, ainsi qu'un masque de calque puis commencez à masquer le centre de l'image floutée. Voilà notre image terminée ! N'hésitez pas à ajouter des détails, de la texture, des ombres. Cette composition n'est qu'une introduction à la magie du matte painting alors un seul mot : explorez !

L'ARTISTE
Laura Csajagi

Laura Csajagi est une jeune illustratrice romantique, spécialisée dans la fantasy et le merveilleux. Elle évolue sur divers projets à travers l'édition, la publicité et le jeu vidéo. N'hésitez pas à aller jeter un œil sur son site www.laurart.book.fr pour y découvrir son travail.

Le travail des valeurs

Lorsque vous peignez, essayez toujours de respecter des valeurs crédibles ; les ombres et lumières doivent être déterminées par l'environnement et ses éventuels obstacles à la lumière, à la luminosité ambiante et à la position des sources lumineuses. Pour ne pas vous perdre dans la répartition des valeurs au sein de votre image, vous pouvez en faire un ou plusieurs croquis rapides en niveaux de gris avant de vous lancer dans sa véritable conception ou, même, commencer par la détailler en gris, puis y ajouter de la couleur plus tard. Si vous décidez de travailler directement en couleur ou avec des éléments photographiques, veillez à ajuster leur luminosité propre en fonction de leur positionnement au sein de la scène, afin de garder des valeurs crédibles sur l'ensemble de votre création.

NOTRE EXPERT
Pascal Casolari

travaille en indépendant comme illustrateur et peintre. Il a commencé à travailler il y a 20 ans et a débuté le dessin à l'âge de 13 ans. Pour lui : « Tout est possible, il suffit de vouloir et de travailler en s'aidant des maîtres qui nous entourent pour apprendre et apprendre sans cesse. L'observation constante du monde dont nous faisons partie est très importante et nous rappelle que nous ne sommes qu'un modeste petit chaînon. » *Si le cœur vous en dit vous pouvez venir voir ses travaux en visisant son blog sur la peinture numérique : www.pascalcasolari.com.*

Direction de la lumière

La lumière est la principale composante de l'information visuelle, c'est pourquoi elle joue un rôle primordial dans toute illustration. Lorsque vous travaillez votre matte painting à partir d'une photo, essayez toujours de définir la position de la source lumineuse principale et celle des sources secondaires, puis peignez ou ajoutez divers éléments en restant cohérent par rapport à la direction de l'éclairage. Placez les ombres et zones éclairées en fonction de la direction des sources. Si vous peignez votre image de A à Z, ce sera à vous de définir quelles sont les sources lumineuses, leur intensité et la direction de propagation de la lumière. Ce choix peut être arbitraire, mais il sera généralement dicté par des facteurs inhérents à l'image : moment de la journée représenté, présence de lampes ou spots au sein de l'image, etc.

NOTRE EXPERT Pascal Casolari

travaille en indépendant comme illustrateur et peintre. Il a commencé à travailler il y a 20 ans et a débuté le dessin à l'âge de 13 ans. Pour lui : « Tout est possible, il suffit de vouloir et de travailler en s'aidant des maîtres qui nous entourent pour apprendre et apprendre sans cesse. L'observation constante du monde dont nous faisons partie est très importante et nous rappelle que nous ne sommes qu'un modeste petit chaînon. » *Si le cœur vous en dit vous pouvez venir voir ses travaux en visitant son blog sur la peinture numérique : www.pascalcasolari.com.*

Les formes personnalisées

L'utilisation de formes personnalisées n'est pas indispensable pour peindre vos premiers croquis et concepts. En effet, vous devez être capable de mettre en place les principales valeurs et couleurs sans vous reposer sur de tels effets spéciaux. Toutefois, quelques formes personnalisées bien pensées se montreront très utiles pour représenter certaines textures complexes comme la pierre et les nuages elles pourront, au final, constituer un gain de temps considérable. Essayez simplement de ne pas avoir systématiquement recours à des formes de pinceau spécifiques pour obtenir les effets recherchés et privilégiez les formes que vous avez vous-même créées dans un but bien précis. La plupart du temps, celles conçues par d'autres utilisateurs de Photoshop ne se montreront pas d'une très grande utilité sorties de leur contexte.

NOTRE EXPERT
Pascal Casolari

travaille en indépendant comme illustrateur et peintre. Il a commencé à travailler il y a 20 ans et a débuté le dessin à l'âge de 13 ans. Pour lui : « Tout est possible, il suffit de vouloir et de travailler en s'aidant des maîtres qui nous entourent pour apprendre et apprendre sans cesse. L'observation constante du monde dont nous faisons partie est très importante et nous rappelle que nous ne sommes qu'un modeste petit chaînon. » *Si le cœur vous en dit vous pouvez venir voir ses travaux en visitant son blog sur la peinture numérique : www.pascalcasolari.com.*

Sélections avancées

Vous aurez souvent besoin de faire des sélections complexes afin de détourer et masquer certains objets. Il existe énormément de manières de procéder. Vous pouvez tout d'abord multiplier les sélections en restant appuyé sur la touche Maj pour passer en mode Ajouter à la sélection et, par exemple, combiner une sélection rectangulaire avec une autre faite au Lasso ou avec l'Ellipse de sélection. Les outils de sélection semi-automatiques que sont la Baguette magique et surtout la Sélection rapide vous permettront de détourer sans problème les images très contrastées, aux bords bien nets. Enfin, le menu Sélection> Plage de couleurs vous autorisera à sélectionner toutes les zones d'une même couleur au coeur de votre image. Une fois votre sélection faite, vous pouvez la modifier via le menu Sélection> Modifier. Pour finir, la fonction Améliorer le contour permet d'effectuer ces changements et bien d'autres, avec une prévisualisation du résultat en temps réel.

RACCOURCIS CLAVIER LES PLUS

Les outils

Déplacement	V
Rectangle de sélection	M
Ellipse de selection	M
Rectangle de sélection 1 rangée	M
Rectangle de sélection 1 colonne	M
Lasso	L
Lasso polygonal	L
Lasso magnétique	L
Baguette magique	W
Sélection rapide	W
Recadrage	C
Tranches	C
Sélection de tranche	C
Pipette	I
Échantillonnage de couleur	I
Règle	I
Annotation	I
Comptage	I
Correcteur tons directs	J
Correcteur	J
Pièce	J
Œil rouge	J
Pinceau	B

Crayon	B
Remplacement couleur	B
Tampon duplication	S
Tampon de motif	S
Forme d'historique	Y
Forme d'historique artistique	Y
Gomme	E
Gomme d'arrière-plan	E
Gomme magique	E
Pot de peinture	G
Dégradé	G
Goutte d'eau	
Netteté	
Doigt	
Densité +	O
Éponge	O
Densité -	O
Plume Libre	P
Ajout point d'ancrage	P
Suppression point d'ancrage	P
Convertion de point	P
Plume	P
Texte	T
Masque texte vertical	T

Masque texte horizontal	T
Texte vertical	T
Sélection de tracé	A
Sélection directe	A
Rectancle	U
Rectangle arrondi	U
Ellipse	U
Polygone	U
Trait	U
Forme personnalisée	U
Orbite 3D	N
Vue d'enroulement 3D	N
Vue Panoramique 3D	N
Vue de déplacement 3D	N
Zoom 3D	N
Rotation 3D	K
Enroulement 3D	K
Panoramique 3D	K
Coulissement 3D	K
Mise à l'échelle 3D	K
Main	H
Rotation de l'affichage	R
Zoom	Z
Mode masque	Q
Mode standard	Q

Pour passer d'un outil à l'autre dans la même catégorie, utilisez la touche Maj + le raccourci de l'outil.

COURANTS DE PHOTOSHOP

Raccourcis des fonctions

Nouveau	Ctrl/Cmd+N
Ouvrir	Ctrl/Cmd+O (ou double clic sur le fond gris)
Enregistrer	Ctrl/Cmd+S
Enregistrer sous	Ctrl/Cmd+Maj+S
Enregistrer pour le web	Ctrl/Cmd+Maj+Alt+S
Imprimer	Ctrl/Cmd+P
Fermer	Ctrl/Cmd+W
Fermer tout	Ctrl/Cmd+Maj+W
Quitter	Ctrl/Cmd+Q

Annuler	Ctrl/Cmd+Z
Annulations multiples	Ctrl/Cmd+Alt+Z
Couper	Ctrl/Cmd+X
Copier	Ctrl/Cmd+C
Copier avec fusion	Ctrl/Cmd+Maj+C
Coller	Ctrl/Cmd+V
Coller dedans	Ctrl/Cmd+Maj+V
Remplir	Maj+F5
Transformation	Ctrl/Cmd+T

Niveaux	Ctrl/Cmd+L
Courbes	Ctrl/Cmd+M
Teinte/Saturation	Ctrl/Cmd+U
Balance des couleurs	Ctrl/Cmd+B
Inverser	Ctrl/Cmd+I

Nouveau calque	Ctrl/Cmd+Maj+N
Fusionner les calques	Ctrl/Cmd+E
Associer les calques	Ctrl/Cmd+G
Dissocier les calques	Ctrl/Cmd+Maj+G
Dupliquer le calque	Ctrl/Cmd+]

Tout sélectionner	Ctrl/Cmd+A
Désélectionner	Ctrl/Cmd+D
Inverser la sélection	Ctrl/Cmd+Maj+I
Sélectionner tous les calques	Ctrl/Cmd+Alt+A

Filtre précédent	Ctrl/Cmd+F

Taille réelle des pixels	Ctrl/Cmd+Maj+0
Taille écran	Ctrl/Cmd+0
Afficher les règles	Ctrl/Cmd+R
Zoomer	Ctrl/Cmd++
Dézoomer	Ctrl/Cmd+-

Aide	F1

Les raccourcis sont paramétrables dans Edition> Raccourcis clavier.

INDEX

DISPONIBLES DANS NOS COLLECTIONS

STEP BY STEP

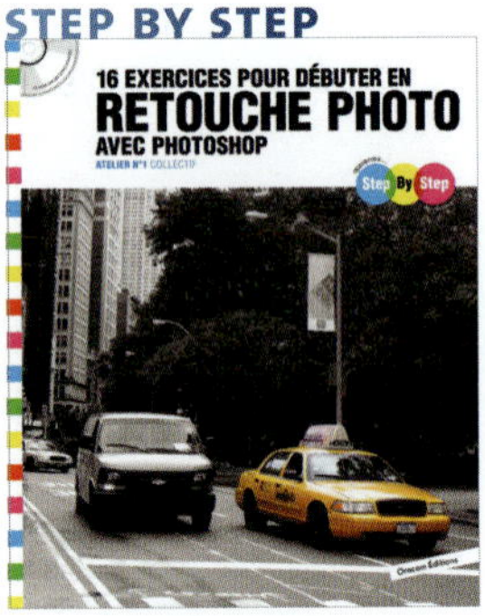

17 EXERCICES POUR DÉBUTER EN
RETOUCHE PHOTO
AVEC PHOTOSHOP
ISBN 978-2-3614-5027-4

7 LOGICIELS POUR
CREER
SON BLOG
ISBN 978-2-3614-5025-0

19 EXERCICES POUR DÉBUTER AVEC
PHOTOSHOP
ELEMENTS®
ISBN 978-2-3614-5024-3

15 EXERCICES
CALQUES
ET MASQUES
ISBN 978-2-3614-5026-7

SAVOIR TOUT FAIRE AVEC PHOTOSHOP

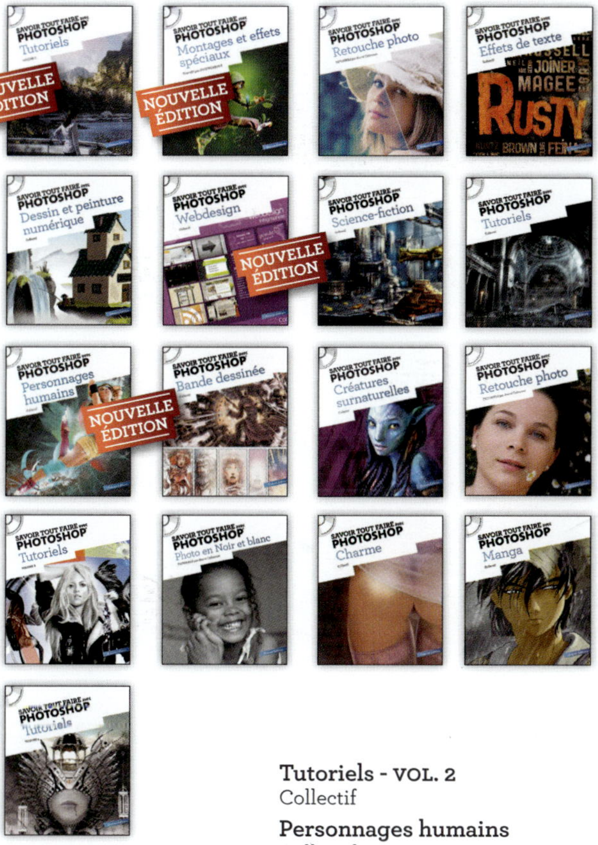

Tutoriels - VOL. 1
Collectif

Montage et effets spéciaux
par Julien Debove

Retouche photo
par Hervé Cafournet

Effet de texte
Collectif

Dessin et peinture numérique
Collectif

Webdesign
Collectif

Science-fiction
Collectif

Tutoriels - VOL. 2
Collectif

Personnages humains
Collectif

Bande dessinée
Collectif

Créatures surnaturelles
Collectif

Retouche Photo VOL. 2
Hervé Cafournet

Tutoriels - VOL. 3
Collectif

Photo en noir & blanc
Hervé Cafournet

Charme
Collectif

Manga
Collectif

Tutoriels - VOL. 4
Collectif

SAVOIR TOUT FAIRE EN 3D

Avec Blender
Collectif

SAVOIR TOUT FAIRE POUR LE WEB

Avec les CSS
Julien Debove

HORS COLLECTION

Les 500 meilleures applications pour votre iPhone
VOLUME 1
Collectif

Les 500 meilleures applications pour votre iPhone
VOLUME 2
Collectif

SAVOIR TOUT FAIRE AVEC WINDOWS 7

Tutoriels
par Pierre Caillault

SAVOIR TOUT FAIRE AVEC OFFICE 2010

Tutoriels
par Pierre Caillault et Damien Labourot

SAVOIR TOUT FAIRE

iPad 2
Vos premiers pas
par Mathieu Lavant

Univers Apple
Tous les produits, tous les usages
par Thierry Maurel

Cet ouvrage a été composé en Archer et The sans
et achevé d'imprimé en septembre 2011 chez Beta, en Espagne.
Fabrication CD MPO en Espagne

ISBN 978-2-36145-039-7
ISSN 1775 - 5670
Dépôt légal septembre 2011